FREDDY SALAS

Humorweaning

Coaching con Humor

El humor al servicio de la lucha contra la pobreza

Copyright © 2014 Freddy Salas

Primera edición: Noviembre 2014

Humorweaning

Dedicado a Freddy Salas

(Mi padre)

Índice

Sumario

Silencio donde otro piensa (Prólogo enfocado en el coaching) — 9

27 Prólogos en 1 (Prólogo enfocado en la lúdica) — 12

**Prólogo de humor y de amor
(Prólogo enfocado en el humor)** — 15

Introducción — 18

Capítulo I El poder del Humor
¿Humor? — 23
¿Qué es Humorweaning®? — 27

Competencias — 28

Cambio — 32
Objetivo Superior de Humorweaning® — 33

Capítulo II Humorweaning®
Definición llana — 62
Elementos diferenciadores — 62
Valores de la metodología Humorweaning® — 64
Prenociones de la metodología Humorweaning® — 66
Habilidades del Facilitador en Humorweaning® — 67
Modelo Humorweaning® — 79

Capitulo III La Práctica de HUMORWEANING®

Modelo de Ejecución para procesos Individuales	94
Modelo de Ejecución para procesos Grupales	94
Contratación	95
Objetivo	98
Diseño	98
Encuadre	100
Ejecución	101
Seguimiento	103

Capitulo IV Herramientas prácticas de Humorweaning®

Algunas herramientas de Coaching	104
Algunas herramientas lúdicas	116
Algunas herramientas humorísticas	121

Capítulo V Otras consideraciones

Cómo debe ser un profesional en Humorweaning®	134
Cómo NO es un profesional en Humorweaning®	137
Humorweaning® y Coaching	140
Felicidad	143

¿Quieres saber más sobre Humorweaning®?	147

Un espacio de silencio donde el otro piensa (Prólogo enfocado en el Coaching)

Coaching, es aprender sin ser enseñado. Un coach no es un maestro, porque parte del principio de que tú ya conoces el juego. Un coach te entrena para ganar, ya te vio levantando la copa, ya te imagino cruzando la meta, ya te observo recibiendo la medalla y es en esa relación de Fe que deposita en ti que te acompaña a transitar un camino en donde lo importante no es adivinar el futuro sino crear y construir uno desde el presente.

Un coach te invita a vivir proyectos ilusionantes, que concuerde con tus valores y despierten tu creatividad, tu persistencia, tus dones y tus talentos, esa fuerza interior que mueve todo lo que haces y hace que todo lo que emprendas se mueva. Un coach saca lo mejor de ti; esa luz que te hace único y diferente y que con su brillo nos inspira a ser más y mejores seres humanos, a comprometernos con nuestro propósito y sentido de vida, a vivir de acuerdo a nuestro llamado, a nuestra misión personal y nuestros sueños.

El coaching entre otras cosas viene a hacernos una invitación a descubrirnos y a vivir la emocionante aventura de darnos la oportunidad de conocer quien realmente somos, pero aún más importante en quien somos capaces de convertirnos. De acuerdo con la International Association of Coaching (IAC) asociación que tengo el honor de dirigir en su Capitulo Venezuela, Coaching es: "Un proceso de transformación dirigido a la toma de conciencia, el descubrimiento y el crecimiento personal y profesional" Y es en este proceso de transformación constante, de crecimiento, de creatividad y de co-creación que se desarrolla el maravilloso concepto de Humorweaning.

La Metodología de Humorweaning, conecta y a cataliza tres mundos que hasta el momento parecían divorciados: la lúdica, el humor y el coaching. Freddy Salas su creador y autor del libro que ahora tiene en sus manos, nos viene a recordar esa frase con la que J.M. Barrie inicio su obra más auténtica, Peter Pan: "Todos los niños crecen, menos uno". Estoy seguro estimado lector, que estará de acuerdo conmigo en que fueron aquellos instantes increíbles de la vida en donde verdaderamente la alegría y la sencillez de los juegos dieron paso a la creatividad y al aprendizaje. Los momentos que más disfrutó y disfruta son aquellos que quedan grabados en forma de hermosos recuerdos en su mente y que hoy dibujan una sonrisa en su rostro; son esos instantes que nos recuerdan que la vida no se mide ni en minutos, ni en horas, ni en años sino en pequeños grandes momentos.

Entonces, ¿Qué nos pasó? ¿En qué momento nos hicimos tan adultos que se nos olvidó ser como niños para encontrarnos con los ojos abiertos ante un mundo lleno de infinitas oportunidades? ¿Desde cuándo nuestras empresas y organizaciones dejaron de lado el hábito de pensarse y repensarse desde la conciencia misma que el humor produce en las personas? ¿Cuándo dejamos de aprender a aprender? El Humorweaning viene a proponer una triada poderosa en donde el juego, el humor y el coaching generan un núcleo y una cultura de aprendizaje constante para asistir y acompañar a las personas y a las organizaciones a encontrar nuevas formas de construir caminos, en un mundo que está en constante cambio.

Uno de los conceptos que más me apasiona del coaching es que es un espacio de silencio donde el otro se piensa, y me parece increíble que una de las vías más interesantes para invitar a las personas a pensarse, sea el humor. Aquiles Nazoa lo conceptualizo perfectamente cuando dijo: "El humor es una manera de hacer pensar, sin que el que piensa se dé cuenta que está pensando"

A través de Humorweaning te invito a pensarte y re-pensarte, crearte y re-crearte, en la maravillosa riqueza de tus pensamientos.

Carlos Raúl Villanueva
Presidente de la IAC capitulo Venezuela
@carlosrvn
Porto Alegre, Brasil 2014

27 Prólogos en 1 (Prólogo enfocado en la Lúdica)

Cuando leo un prólogo, siempre me molestan, pues enaltecen al autor como si no tuviera ningún defecto. El detalle con Freddy es precisamente ese: no tengo motivos para referirme negativamente sobre él. Lo conocí haciendo stand-up comedy y luego fuimos colegas en Doctor Yaso, Payasos de Hospital. En ambas facetas, más la suya como persona, pude notar sus buenos sentimientos y su gran corazón.

Solo me referiré negativamente a la tarea que me impuso como prologuista. En primer lugar, el correo de su representante decía: "El libro debe incluir la opinión humilde de tres prologuistas".

¿Pero si es un libro para superar la pobreza, cómo dar una opinión humilde? En segundo lugar, me pidió escribir sobre la lúdica. ¿Pero cómo escribir sobre el fenómeno del juego en un prólogo, si los prólogos son lo más aburrido del mundo? Por tal motivo, ni seré corto, ni aburrido.

En este prólogo lúdico, usted tendrá la misión de armar el texto a su manera. Verá el bloque de *Introducción*, el bloque de *Desarrollo* y el bloque de *Conclusión*. En cada uno, hay tres opciones para elegir.

Escoja una opción en cada bloque y disfrute de armar su propio prólogo (y tranquilo, está permitido rayar el libro):

¿Cuál de las siguientes opciones prefiere como *Introducción*? Márquela con una "X":

( ) Este libro cambiará la vida de su organización y la manera de relacionarse con sus compañeros de trabajo.

( ) Si usted quiere leer algo revolucionario sobre el coaching, ha llegado al libro indicado.

( ) ¿Alguna vez te has preguntado si existe una mezcla de coaching con humor y lúdica para generar un proceso de cambio organizacional lleno de risas?

¿Cuál de las siguientes opciones escoge para el *Desarrollo*? Márquela con una "X":

( ) El autor, Freddy Salas, comparte con muchísima generosidad y humildad una herramienta en donde la base es precisamente esa: la humildad.

( ) Freddy ha sido clown, comediante, académico y coach y de su paso por cada uno de estos oficios, supo llevar el dramático momento de cambio de una organización a la intuición, que no es sino la sencillez de volver a ser niño.

( ) Con este libro, Freddy llega al núcleo de una de las piedras de tranca para todo miembro de una organización: la dependencia.

¿Cuál de las siguientes opciones elige para concluir? Márquela con una "X":

( ) De esta forma usted conocerá modos menos traumáticos para generar cambios en una organización.

( ) Así terminará dándose cuenta de que la palabra Humorweaning puede ser igual a "Humor Winning".

( ) Y esto viene de Freddy, quien además de ser especializado en la rama, tiene un postdoctorado en crear experiencias más atractivas para hacer menos traumáticos los cambios (Es padre de una adolescente).

¿Ya eligió sus tres opciones? Ahora léalas corridas. ¡Creó su propio prólogo! Espero suceda lo mismo con el libro. Una vez lo lea, busque crear su propia versión del Humorweaning, pero eso sí: jugando.

Reuben Morales
Humorista
@reubenmorales
Caracas, Venezuela 2014

Prólogo de Humor y de Amor (Prólogo enfocado en el Humor)

Mi papá tenía muy buen humor. Cuando era niño y la gente le preguntaba a mi papá si yo era el último, él respondía: "Claro, este es la última carcajada de la Cumbancha". Un día, caminando con mi mamá, una señora le preguntó: "Señora Nelly, ¿Ese hijo es el último?", yo sin pensarlo dos veces dije con mucho orgullo: "Sí, yo soy la última carcajada de la cumbancha." Por supuesto que a mi mamá no le cayó bien la cosa y se molestó mucho. Lo que se hereda no se hurta. Yo, así como ustedes me ven, cura y todo, gozo un puyero y le alegro la vida a mucha gente. Ahora me siento guapo y apoyado con el Papa Francisco cuya principal obra escrita, una vez asumido su pontificado, se llama "El Evangelio de la Alegría".

Humberto Eco, en su obra "El Nombre de la Rosa" hablaba de una abadía en Italia en 1327 donde los miembros no se reían en consideración a Cristo, que sufrió mucho y que nunca se había reído. Pocos saben que Jesús no solamente se reía, sino que también se carcajeaba. Así se deduce de la expresión de Lucas 10,21: "Jesús se ESTREMECIÓ de alegría." Con razón llaman a Lucas el Evangelio de la alegría.

Ya hace tiempo, antes de Jesús, la Biblia hablaba sobre los beneficios del buen humor: Proverbios 15,13: "Corazón contento, rostro radiante; corazón triste, espíritu abatido." Proverbios 15,15: "Para el infeliz todos los días son malos, el que tiene alegre el corazón está siempre de fiesta." Proverbios 17,1 "Más vale un trozo de pan seco en paz que en la discordia, una casa llena de banquetes." Proverbios 17,22: "El buen humor hace bien al organismo; si el espíritu está triste los nervios se deprimen." Eclesiástico (Sirácides) 30, 21-25: "No te dejes llevar por la tristeza, ni dominar por tus preocupaciones. Un corazón alegre mantiene al hombre con vida; la alegría prolonga su existencia. ¡Vamos! Diviértete y alegra tu corazón; echa lejos de ti la tristeza, porque la tristeza perdió a muchos y no sirve para nada. La envidia y la ira acortan la vida, las preocupaciones hacen envejecer antes de tiempo. El que tiene un corazón alegre tiene buen apetito; lo que come lo aprovecha."

El humor que nos trae Freddy Felipe, como le dice su mamá cuando está brava, no es un humor que aleja de la realidad, sino que equipa a las personas, ya van 12.000 desde el 2008, para enfrentarla de una manera distinta. Más relajados y felices, para evitar que nos salga una úlcera, que es lo mínimo que nos puede pasar cuando llevamos la cara seria mucho tiempo.

No hace nada me enteré que "La última carcajada de la cumbancha fue cantada, por Javier Solís. Ustedes dirán, ¿Y qué tiene que ver Javier Solís con todo esto?, bueno en esta obra de Freddy Felipe encontré que estaban conectadas en torno al humor, gente como Aquiles Nazoa, Friedrich Nietzsche y Wiston Churchil, ¿Y por qué no Javier Solís? San Agustín decía: "Ama y haz lo que quieras", porque cuando uno ama siempre actúa de la mejor manera. Yo propongo: "Ríe y haz lo que quieras", porque así como uno no puede silbar y reírse al mismo tiempo, tampoco puede uno ser malo y reírse al mismo tiempo. Otra cosa es la burla, que es la hija perversa de la risa. Yo celebro que mi vida, antes que llegara a existir en forma microscópica, fue producto de una última pero estrepitosa carcajada. Jajajajajajajajajajajajaja y cataplún, AQUÍ TOY.

Padre Jesús Genaro Pérez.
Conocido en los bajos fondos con el nombre de "Chulalo"
Sacerdote diocesano, artista, músico, escritor y humorista.
@padrechulalo
Barquisimeto, Venezuela 2014

Introducción

"Si te arriesgas al cambio puedes perder pero si no te arriesgas al cambio VAS a perder".

Apreciado lector, te doy la bienvenida a un viaje trascendental, posiblemente puedas pensar que se inicia con la entrega de este libro que habla de HUMORWEANING®, pero estoy seguro que muy pronto caerás en cuenta que se inició muchísimo antes. Mi real aspiración es:

- Que identifiques herramientas no convencionales para impactar positivamente a los demás (personas y grupos) y puedas obtener conocimientos valiosos para "salir de dudas".

- Que al culminar la lectura tengas muchas más preguntas de las que tienes en este momento y puedas encontrar elementos de auto motivación para "entrar en dudas".

- Que puedas aprovechar esta experiencia para identificar en ti y en tu entorno elementos de riqueza mental.

Este libro está dirigido a todas las personas que quieren influir en los demás para sumar, desde la visión del Coaching. Estoy seguro de que su contenido tendrá algunos elementos valiosos para maestros, profesores, consultores organizacionales, dirigentes, coaches, empresarios, estudiantes, vendedores, artistas, padres, mendigos, carpinteros, cocineros, militares, payasos, actores, esposos, hijos, sacerdotes, policías, vendedores de calle, personal de limpieza, médicos, comediantes, deportistas, políticos e incluso suegras.

Es necesario que todos sepan que la metodología HUMORWEANING® tratada en este libro está orientada a profesionales del Coaching, porque estos profesionales tienen claro que lo único que pueden ellos hacer dentro de una sesión de coaching es: observar, escuchar y generar preguntas para que el otro se responsabilice en responder y actuar. Es decir el coach sabe que no debe interpretar, predecir, aconsejar o poner sus propias ideas en las ideas de sus clientes. Si tú eres coach esto ya lo sabes, y si no eres coach, ¡También lo sabes, porque te lo acabo de decir! ¡Brillante!

Si tú te dedicas al coaching, este libro te puede servir como manual para abordar tus sesiones individuales y grupales a la luz del humor. Y si tú te dedicas a algún otro oficio o profesión, este libro te puede servir para tomar elementos de reflexión y acción en tu vida a la luz del humor. A lo largo de este viaje encontraras anécdotas, historias, aplicaciones y sobre todo dudas muchas dudas (preguntas), no las pases de largo y sea cual sea tu profesión u oficio te invito a que generes nuevas dudas que te permitan crecer, cambiar y ser cada día mejor. O como decía la mamá del hermano de la suegra de mi esposa: "para que seas un hombre o una mujer de Bien".

Para este libro, he decidido develarte la llave del conocimiento, una ventana que lo sabe casi todo y que puede responder casi cualquier pregunta. Esa ventana se llama: ¡Google! Es por ello que cada vez que he tenido que explicar algo técnico o biográfico, los datos a pie de página son tomados de Google. Si te parece que estas referencias a pie de página no son suficientemente amplias, no te preocupes, acá te dejo un link donde podrás revisarlas todas a profundidad: www.google.com

El libro se inicia con lo que tiene que empezar todo libro que tenga que ver con el humor, empieza con el humor; y este particularmente empieza con enmarcar qué es el humor para la metodología HUMORWEANING®. Luego introduce al lector a entender de qué se trata esta metodología y cuál es su relación con conceptos como desarrollo de competencias y generación de cambios. Pero principalmente este capítulo explica con exactitud cuál es el objetivo del humor en Humorweaning, propone un objetivo inspirador, un objetivo social a partir de aprendizajes y cambios individuales, es decir propone un objetivo superior: **La lucha contra la pobreza.**

El Capítulo dos está dedicado a profundizar en el conocimiento de la metodología en sí, pasando desde su definición, e incluyendo los elementos que la diferencian, valores, prenociones y habilidades del profesional que quiere aplicarla. También introduce el modelo contentivo de la tríada HUMOR – LÚDICA – COACHING, para cerrar con una breve explicación de la experiencia donde se ha aplicado.

El capítulo tres, es una descripción a manera de manual de aplicación práctica del modelo, tanto para procesos individuales como procesos grupales. El capítulo cuatro, está orientado a dar una idea general de las herramientas usadas en la aplicación de la metodología, dejando claro que siempre es necesario crear nuevas herramientas siempre y cuando se incluyan los tres elementos COACHING – LUDICA – HUMOR.

Finalmente el capítulo cinco, pretende incluir algunas consideraciones tan importantes como las de los capítulos anteriores, donde se aclara quién es y quién no es un profesional HUMORWEANING®, cual es la relación de esta metodología con la disciplina del coaching y cierra con un concepto de felicidad que busca generar tantas dudas posibles como para que el lector se vea motivado a ser el arquitecto de su propio concepto de felicidad, (y también el albañil).

Capítulo I El Poder del Humor

¿Humor?

Voy a ir al grano con el punto que nos trae este encuentro: ¡El Humor! Y no puedo hacer algo diferente que empezar diciendo que el Humor es una característica esencialmente Humana, es decir no puede existir sino es en **el** Humano, no puede existir sino es en **lo** Humano, es entonces un elemento exclusivo de los humanos, hasta el punto de decir que un humano sin humor es humanamente un humano inhumano. ¿Se entiende? ¿Estás de acuerdo? ¡No importa! De todas formas esta definición no es una definitiva definición, es más bien una supuesta suposición, y se comporta de la misma forma como cuando suponemos que no hay nada hipotético.

A fin de cuenta esa característica esencialmente humana del humor hace del humor algo profundamente valioso, no existe en toda la extensión del mundo o del universo conocido otros seres que puedan hacer uso del humor que los seres humanos, y pensar en algún otro ser con sentido del humor ya es en sí mismo algo maravillosamente humorístico. El humor es la capacidad que tenemos TODAS las personas para interpretar la realidad seleccionando entre infinitas alternativas que al ser comunicadas a los demás genera Gracia y ese estado Gracioso siempre pasa por un proceso de pensamiento tanto para el que crea la situación humorística como para el que la recibe. Es por eso que es obvio que sin pensamiento no hay humor, pero también para mí, sin humor no hay pensamiento. El hecho mismo de pensar supone duda, y para aclarar cualquier duda el hombre (y la mujer también, de hecho la mujer mucho mas) echan mano en crear todas las alternativas posibles (las obvias y las menos obvias) y pensar justamente en las menos obvias nos hace avanzar en un proceso de pensamiento inédito. Que gracioso debió haber sido para las personas del

Renacimiento escuchar por primera vez que la tierra no era plana sino redonda, por ejemplo.

Para fines de HUMORWEANING®, nos quedamos con la idea de que el humor no es solo una forma de entrar a los procesos de pensamiento sino que es más bien **la** forma de entrar al proceso de pensamiento para aclarar dudas y sobre todo para ¡Generar nuevas dudas!

El humor siempre nace de los humanos con carácter, humanos con deseos de reformas, humanos que no se sienten cómodos con el entorno que les rodea, humanos que se quejan de lo que no es justo, humanos generosos, humanos que se ofrecen a los demás sin esperar nada a cambio, humanos ricos de mente (y también algunos humanos ricos y dementes). Tú y todos los humanos de todos los tiempos tenemos esas características, solo tienes que darte cuenta que siempre estuvieron allí, para finalmente ¡ACTUAR!

Los antiguos griegos le daban un valor práctico y fundamental al humor, para ellos el humor era el líquido esencial del humano, aseguraban que el cuerpo estaba formado por cuatro humores o líquidos (sangre, bilis amarilla, bilis negra y agua). Así que si crees que aún no tienes desarrollado tu sentido del humor puedo sugerirte que vayas a un banco de sangre a hacer donativos con la certeza de que esa acción será un acto profundamente humoroso.

Por ejemplo Plauto[1] aseguraba que el equilibrio de la vida se debía principalmente a que los humores estuviesen armonizados para que ninguna enfermedad se manifestase y gozar de una absoluta salud, pero Plauto sabía que sin unos buenos plautos de comida esto era imposible. Ya Mario Moreno lo decía: *"El mundo debería reírse más, pero después de haber comido"*.

El humor que te invito a descubrir en ti y en tu entorno, está dentro de tu acción del Dar, es un humor que siempre exalta lo Sublime, aunque haga uso del más terrible de los sarcasmos. Cuando Chaplin crea el personaje de Charlot, un vagabundo de la modernidad, sus infortunios no son representados desde el sufrimiento sino desde su opuesto: el Gozo, de esa forma se ajusta a los extremos de las contradicciones humorísticas. A la vez que genera risa, tiene compasión con los excluidos y condena la indiferencia de quienes no hacen nada o peor aún de quienes marginan. ¿Menudo poder el del humor no? El humor es una herramienta de inteligencia Espiritual, el humor siempre es

---

[1] **Wikipedia - Tito Maccio Plauto** (*Titus Maccius Plautus*, en latín) (Sársina, Romaña, 254 a. C. – Roma, 184 a. C.) fue un comediógrafo latino.

contestatario y el humor lleva al hombre a descubrir su propia riqueza... ...su propia riqueza mental.

El Poder del Humor

Que gran poder tiene el Humor, sobre todo cuando el que tiene poder no lo tiene Humor.

¿Qué es HUMORWEANING®?

La lucha contra la pobreza (mental) es la característica del Humor de donde se inspira **HUMORWEANING®**. La palabra **HUMORWEANING®** es en sí misma un anglicismo procedente del sustantivo humor y el verbo inglés to wean, "destetar", (quitar la tetíca) es una metodología creada en el año 2008 por mi equipo de trabajo, basada en el nexo de herramientas tomadas del humor, la lúdica y el coaching, con el fin de mover a las personas hacia su área creativa y que puedan ellas descubrir sus propios potenciales para lograr sus objetivos y mejorar sus competencias. Voy a hacer un repaso general de lo que lo que quiero hablarte al hacer mención a "competencias".

Competencias

Para fines de este libro solo vamos a involucrarnos con las competencias actitudinales.

Que son competencias: Desarrollo constante de nuestras actitudes, para lograr la Excelencia a favor de un "negocio" (puede ser el negocio de la Vida por ejemplo). No es aquello que una persona desea hacer o decir o piensa que debería de hacer o decir. No son ni siquiera sus valores, son las acciones, son los comportamientos medibles que todos observamos. Es como cuando uno ve a alguien en la calle y dice: "oye que buena persona es fulana" porque sus acciones constantes así lo demuestra; "fulana" no puede ser diferente a lo que ella muestra porque ya esa forma de ser es parte de su forma de actuar.

Esas competencias deben ser buenas formas de comportarse que faciliten la excelencia para logro de buenos objetivos. Cuando uso la palabra "bueno", dejo el campo moral al criterio e interpretación individual; estoy seguro que tú cuentas con el suficiente criterio moral para definir lo que es bueno y lo que es malo, sin embargo me gustaría añadir unas preguntas que creo pueden ayudarte a definir si tu objetivo es bueno, a manera de "filtros morales":

- ¿Ese objetivo es bueno para ti?
- ¿Ese objetivo es bueno para los demás?
- ¿Ese objetivo es malo para alguien?
- Y solo si para ti Dios existe: ¿Ese objetivo es bueno para tu Dios?

Cómo se miden las competencias: Usualmente las competencias se miden por niveles, debido a que los especialistas en las empresas definen cuáles son los comportamientos que deben tener los empleados para un negocio, y en qué nivel.

Esto funciona muy bien para el coaching ejecutivo, sin embargo en el coaching de vida, puede un coach preguntar a su cliente ¿Qué actitudes crees que son necesarias para lograr tal objetivo? Y si no eres coach puedes preguntarte:

- ¿Cómo me debo comportar para lograr tal objetivo?

- Esa forma como me debo comportar ¿Es una buena forma de comportase? (pasándolo por los "filtros morales").

Si tu trabajo es medir competencias, es decir observar y "juzgar" si alguien la demuestra o no las demuestra, la única herramienta con la que cuentas es con:

La observación de lo que las personas dicen y hacen, pero para que esa observación sea profesional debemos tener constantemente en cuenta: **La aceptación del carácter subjetivo de la persona**, lo que supone un decidido conocimiento de sí mismo. Para tu autoconocimiento te propongo entre otros el esquema: Identificación – Análisis – Aceptación – Solución – Cambio.

Lo que yo llamo la *Aceptación del carácter subjetivo de la persona*, no es otra cosa que descubrir lo que ya tú sabes, descubrir que ¡No somos máquinas automáticas y objetivas! ¡Somos subjetivos! Tu opinión no podrá nunca ser objetiva ante algo ¡Interpretamos la realidad SIEMPRE según nuestros coladeros personales! Si ya lo descubriste, entonces ¡Felicidades, te doy la bienvenida a la raza humana!

Sin embargo si quieres observar competencias en los demás, debes hacer un trabajo continuo de autoconocimiento; si no lo hacemos corremos el riesgo de no tener conciencia de que cuando juzgamos a los demás los juzgamos por lo que nosotros somos.

Somos humanos y somos subjetivos y esa justamente es la grandeza de ser humano, y en la medida que nos conozcamos más a nosotros mismos, más justa es nuestra observación.

Identificación - Análisis – Aceptación – Solución – Cambio. Yo recuerdo que en cierta ocasión estaba yo cumpliendo el rol de profesor universitario, cuando se me presentó un problema. **Identificación:** Cada vez que corregía los exámenes de mis alumnos tenía el impulso de discrecionalmente ponerle una mala calificación a una de mis alumnas, cosa que era absolutamente injusto y poco profesional, pero lo cierto es que ¡Era real! Definitivamente yo quería ponerle una mala calificación en los exámenes de aquella mujer ¡sin ningún motivo! Una locura. **Análisis**: ¿Qué desconcertante cosa hacía que yo me motivara a tener este terrible y odioso impulso? ¡No lo sabía! Empecé a pensar que simplemente me caía mal y si me caía mal era por algo, debido a mi atinada capacidad intuitiva (esa era una justificación perfecta que además consentía magnamente mi ego), sin embargo había algo que me decía que eso no estaba bien. Estaba yo siendo un pésimo profesor con una ética muy cuestionable. **Aceptación**: Luego lo que hice fue decir: esto es lo que hay, esto es real, esto me está pasando, ¿qué vas a hacer Freddy? **Solución:** Y se me ocurrió una solución, le entregaría una hoja contentiva de una matriz de dos columnas a mis alumnos, donde en la primera columna estarían los números del 1 al 32 (tenía yo 32 alumnos en esa clase) y en la segunda columna ellos escribirían sus nombres en la casilla que quisieran y que estuviera disponible. Luego ellos escribirían en su examen el número seleccionado y no su nombre; yo luego recibía la lista, la guardaría y en el momento de corregir los exámenes corregiría números y no nombres, dejando para el final chequear con la lista para poder hacer el reporte de las notas. **Cambio:** Esta experiencia hizo que yo mejorara mis habilidades docentes. Sin embargo debo confesar que me daba cierto gusto haber podido reprobar a esa mujer, aun sin tener ningún motivo, que ahora que lo pienso es probable que haya tenido algo que ver el hecho de que esa mujer haya sido mi suegra en ese entonces, ¿no lo sé? (A veces es difícil tener dentro de tus alumnos a tu suegra).

Cambio

La realidad cambiante es inevitable, y ya el hombre se inventó el concepto de tiempo para explicarla. Por eso en este punto solo te invito a que caigas en cuenta de la capacidad exclusiva que tienes de ser consiente de esa realidad cambiante y aún mejor, te invito a que *actúes conscientemente para generar cambios, buenos cambios, para tu entorno,* ese es mi concepto de **Trabajo** para ti. Te lo ofrezco. ¿En qué te sirve ese concepto? ¿Qué quieres hacer con ese concepto?

Todos los animales trabajan pero solo tienen una sola alternativa, la alternativa que les da la naturaleza, salvo muy contadas excepciones y a un nivel muy tímido, los animales siempre actúan de la forma como la naturaleza los creó, es muy difícil que un perro pueda ser eficiente cuidando carne. En cambio el hombre tiene opciones, tiene la capacidad de tomar decisiones de su actuación, y en cuanto más alternativas tenga el hombre para decidir más libre es. Tomar decisiones y tener conciencia de esas decisiones es la esencia del cambio. El cambio es una responsabilidad exclusiva de quién precisa cambiar. Somos un hoy en cambio continuo. Pero para ejecutar ese cambio debemos dejar a un lado la certidumbre, y sumergirnos sin miedo al mar de las dudas, que nos permite pensar, decidir y justamente cambiar. Alguna vez leí algo parecido a esto: "Si te arriesgas a cambiar puedes perder, pero si no te arriesgas a cambiar VAS a perder". Es la mejor forma que tengo para explicar la importancia del cambio.

Objetivo Superior de la Metodología HUMORWEANING®

Disminuir la cultura de la pobreza en tu entorno ayudándote a que descubras tu propia riqueza.

La Cultura de la Pobreza: Conjunto de valores, creencias y prenociones a través de las cuales la persona o el sistema teme, trayendo como consecuencia la incapacidad del individuo para asumir el liderazgo y responsabilidad de su propia vida, de sus relaciones y de sus conductas, cualquier que sea su estatus social.

Cuando me refiero a la pobreza, me refiero estrictamente a la pobreza de un estado mental del individuo, de las comunidades y de la sociedad en general.

Debe quedar claro que al referirme a la pobreza no me refiero por ejemplo a la pobreza material, que puede explicarse en la carencia de las necesidades básicas categorizadas por Maslow[2] en su conocidísima pirámide[3], pues esta pobreza puede ser una consecuencia de la mezcla de

---

[2] Abraham Maslow (Brooklyn, Nueva York, 1 de abril de 1908-8 de junio de 1970 Palo Alto, California) fue un psicólogoestadounidense conocido como uno de los fundadores y principales exponentes de la psicología humanista, una corriente psicológica que postula la existencia de una tendencia humana básica hacia la salud mental, la que se manifestaría como una serie de procesos de búsqueda de autoactualización y autorrealización.

[3] La **pirámide de Maslow**, o **jerarquía de las necesidades humanas**, es una teoría psicológica propuesta por Abraham Maslow en su obra *Una teoría sobre la motivación humana* (en inglés, *A Theory of Human Motivation*) de 1943, que posteriormente amplió, obtuvo una importante notoriedad, no sólo en el campo de la psicología sino en el ámbito empresarial del marketing o la publicidad. Maslow formula en su teoría una jerarquía de necesidades humanas y defiende que conforme se satisfacen las necesidades más básicas (parte inferior de la pirámide), los seres humanos desarrollan necesidades y deseos más elevados (parte superior de la pirámide).

múltiples factores, en donde por supuesto se encuentra la pobreza mental como uno más.

Tampoco me refiero a la pobreza de derechos fundamentales, pues esta pobreza tiene como principal, pero no único responsable, el Estado. No tiene que ver con la conformación de Estados déspotas o criminales. Los Estados deben monopolizar la violencia en función de la ley y la justicia para convertirse en verdaderos Estado de Derecho. Y en la formación de Estados déspotas puede tener cierta responsabilidad (en la consecuencia y la causa) la pobreza mental.

Tampoco me refiero a la Perfección de la Pobreza Espiritual, que hace que el hombre asuma los dolores de la vida como parte de la vida misma y vea estos dolores como sacrificio para objetivos Providenciales.

Es para mí importante repetir que cuando me refiero a la pobreza me refiero exclusivamente a la pobreza mental que genera pobreza material, pobreza de derechos y que nos aleja de la pobreza Espiritual. Y dejar a un lado esa pobreza es primordialmente responsabilidad de cada uno de nosotros y de las decisiones que tomamos.

Esa pobreza mental se alimenta entre otras cosas del temor, la lucha contra la pobreza mental tiene que ver con una lucha espiritual, donde el hombre identifica en sus dolores un Espíritu inquebrantable para avanzar en el Dar, tal cual un acto de Amor. Y es aquí donde el Humor interviene para facilitar esas decisiones a tomar decisiones inteligentes, con inteligencia Espiritual pues.

El Humor aunque puede ser sarcástico e irreverente, nunca puede dejar de ser Bondadoso. Porque deja de ser humor, o por lo menos el concepto de humor que yo quiero compartir en este método.

Unas de las muchísimas causas de la pobreza mental son:

Baja autoestima individual y grupal: No es otra cosa que subestimar el valor de los recursos y de las capacidades propias. Es pensar que no estamos habilitados para mejorar porque carecemos de algo. Solo que es inevitable que siempre carezcamos de algo, (haciendo uso de conceptos económicos: "los recursos siempre son escasos y las necesidades infinitas").

Por tanto es muy tentador el pretexto de *"que me falta tal o cual cosa"* para lograr progresar (en el Dar) debido a que ese pretexto siempre lo tenemos allí, constantemente a la mano, esperando solo que lo tomes sabiendo que encajará perfectamente en una justificación para quedarnos atrás en nuestro avance de la vida.

Pensar que no somos capaces, es pensar que no podemos, y el contexto nos ofrece una gran variedad de excusas para todos los gustos, es más nos invita a adquirirlas sin mayor esfuerzo.

Existen millones de historias donde el éxito individual superó cualquier excusa, yo he seleccionado una que se inicia en 1864, en un pequeño pueblo del norte de Sur América, llamado Isnotú, allí nació un hombre destacado, que luego se hizo de profesión médico y decidió llevar una personalidad solidaria en especial con los más necesitados (incluyendo entre estos necesitados a Juan Vicente Gómez uno de los dictadores más cruentos de la historia de Venezuela), es la historia del hasta ahora "Venerable" Dr. José Gregorio Hernández[4]. Un personaje que le tocó compartir un período histórico personal con el Dictador Gómez y tuvo éxito en su objetivo de Dar a los demás, independientemente del contexto. Te invito a que pienses en por los menos 5 personas que

---

[4] **José Gregorio Hernández Cisneros** fue un médico venezolano nacido en Isnotú, estado Trujillo el 26 de octubre de 1864 y fallecido el 29 de junio de 1919 en Caracas. Aparte de su labor como médico, educador y un sencillo legado científico, después de su muerte Hernández comenzó a ser objeto de culto sincrético en el país, donde se le considera "santo" y se le atribuyen milagros y curaciones. Estas creencias provocaron que en 1949 el Vaticano comenzara a estudiar el caso de Hernández, y que en 1986 le asignara la jerarquía católica romana de *Venerable*. Dejando de lado su aspecto religioso y profesional, la figura de Hernández es ademas un icono de la cultura popular de Venezuela, siendo representado usualmente de pie, vestido con traje y corbata negra y con las manos cruzadas en la espalda.

hayan logrado ser exitosos a pesar de su contexto, estoy seguro te sorprenderás de lo cerca que están esas personas de tu vida. Esa puede ser tu inspiración inicial.

A algunos les hará gracia y dirán que hay que ser un payaso para creer que podemos hacer todo lo que nos propongamos en nuestra vida, yo estoy de acuerdo con los que piensan eso.

Hipersensibilidad a la crítica: También tiene que ver con el autoestima, con esa percepción que tenemos sobre nosotros mismos, sobre nuestra forma de ser, sobre lo que somos, sobre nuestros orígenes, sobre el destino que queremos, sobre la colección de rasgos corporales, mentales y espirituales que definen lo que somos. Tiene que ver con la respuesta a una pregunta:

¿Quién soy yo?

Y luego de responderla, tiene que ver con la respuesta a otra pregunta:

¿Quién más soy yo?

La hipersensibilidad a la crítica es una forma de responsabilizar a los demás de lo que nos ocurre. Es la sensación exagerada de ser juzgados por los demás. Es sentirse excesivamente atacado, por las opiniones de los demás. Esta causa de pobreza mental es muy peligrosa porque puede cultivar resentimientos que es el más bajo de todos los vicios. Cuando esto nos ocurre buscamos evitar metódicamente situaciones donde puede surgir una crítica (como dar una opinión en una reunión). Y vencerla nos habilita en nuestra capacidad para practicar la tolerancia y el respeto con honestidad. El sentido del humor hace que justamente seamos honestos con nosotros mismos, que seamos auténticos y que nos aceptemos con lo que somos desde lo verdadero.

Yo debo confesar que recuerdo mi infancia como una infancia con muchas riquezas, afortunadamente tuve la suerte de nacer en una familia acomodada, que nunca le faltó nada, lo teníamos todo lo único que no teníamos era dinero. Y por no tener dinero no teníamos muchas alternativas a la hora de cenar (es decir solo había un plato de comida en la cena, que malo tampoco es). Un día Chichita (que es mi amada abuela), me dijo: "¿Usted quiere cenar?" Y como yo veía en la casa de mis amigos que ellos elegían para cenar entre varios platillos, yo elevé mi mirada y le respondí, con una pregunta: "¿Cuáles son las opciones?" A lo que ella me respondió "Tiene usted dos opciones: Si o No".

Desconfianza en los poseedores de poder: la creencia de que todo el que tenga el poder, en algún momento se va a aprovechar del que no lo tiene. Acá si se pone difícil la "cosa" porque el humor justamente va dirigido a reírse del poseedor de poder y no del pequeño. Sin embargo para matizarlo me voy a permitir diferenciar la forma de ejercer ese poder.

El poder no es otra cosa que "poder". Es decir tener poder para hacer algo independientemente del método que se use, puede ser con la persuasión, puede ser con el intercambio o utilitarismo o puede ser con la coacción.

Por ejemplo cuando usamos la palabra, el dialogo, la escucha y la discusión con argumentos, hacemos uso del poder persuasivo demostrado en nuestra capacidad discursiva y nuestra capacidad escuchadora. Esa es la forma más confiable de ejercer el poder.

Cuando ofrecemos algo a cambio dentro de un proceso de negociación para lograr alguna cosa, hacemos uso del poder utilitario (gano yo logrando un objetivo y ganas tu recibiendo algo a cambio).

Y cuando el poder se ejerce por medio de la imposición, la coacción, la violencia o la amenaza de violencia, estamos en presencia de un poder coactivo. Este poder es independiente de la autoridad y mucho menos del liderazgo. Tal cual un asesino con un arma cargada es poseedor de poder.

La desconfianza en los poseedores de poder, es porque creemos que quien tiene el poder de hacer algo, pueden solo por tener ese poder actuar con un sistema moral perjudicial para los demás. Y la cuestión es que no es el poder en sí mismo quien hace que la persona no actúe bien sino que es la persona quien decide su actuación independientemente de su grado de poder. Tiene las mismas oportunidades de actuar mal un poderoso que un desposeído, solo que las acciones negativas del poderoso impactan a más personas.

Pensar que ser poderoso es malo, es también pensar que debemos no tener poder para poder ser buenos, es pensar que ser rico es malo.

Y justamente tenemos que poder tener el suficiente poder para poder impulsar a otros a que puedan poder. ¡Por lo que ser poderoso es bueno!

> *¿Conoces a alguien con poder que haga "cosas buenas"?*

> *¿Si tú tuvieras poder harías "cosas buenas"?*

¿Haces "cosas buenas" con el poder que tienes ahora mismo?

Miedo excesivo a lo desconocido: Es la creencia de que lo que tenemos es mejor que lo que no conocemos. Esta creencia está en la mente de todos y usualmente es apoyada por aforismos como: *"Es mejor malo conocido que bueno por conocer"* o *"más vale pájaro en mano que cien volando"*, o *"la curiosidad mató al gato"* (Mensaje: No aprendas cosas nuevas! Ten miedo a lo desconocido) . Es algo así como si te dijeran *"Confórmate con lo que tienes porque en tu vida nunca podrás tener algo mejor"*, o como que si te dijeran *"Deja pasar el 100% de las oportunidades de tu vida, quédate solo con una que es la que tienes a mano, la más fácil, no te arriesgues y permanece en la resignación de lo que tienes"*.

El miedo es la principal fuente de pobreza. Yo he seleccionado una frase de Aung San Suu Kyi[5] para explicarlo *"La única verdadera prisión es el miedo, y la única verdadera libertad es liberar el miedo"*. El miedo es tan poderoso que hay

---

[5] Aung San Suu Kyi (en birmano: အောင်ဆန်းစုကြည် /àuɴ sʰáɴ sṵ tɕì/) (Rangún, Birmania, 19 de junio de 1945) es una política activista birmana. Es la figura emblemática de la oposición birmana contra la dictadura militar que ocupó el poder entre 1962 y 2011. Resultó elegida como representante al parlamento birmano en 2012. En 1991 le fue concedido el Premio Nobel de la Paz pero la Junta Militar birmana no le dejó salir del país y tuvo que esperar a junio de 2012 para poder recogerlo en Oslo.

quienes lo comparan con la Fe. Juana María Méndez[6] decía *"El temor es la Fe en lo negativo, la convicción de que lo que ocurrirá será algo malo"*.

Todos nacemos con miedo y lo vamos puliendo a lo largo de nuestras vidas, yo por ejemplo una de las primeras sensaciones de horror que experimenté en mi vida fue cuando vi en el cine una película que marcó toda una generación; claro yo era un niño y fui engañado e inocente a ver una película familiar con mi padre, y no sabía a ciencia cierta de qué iba la película porque tenía un título muy complicado y rebuscado, su título era: ¡Tiburón! Yo salí del cine paralizado de terror y duré 6 meses sin poder dormir pensando que iba a venir un tiburón a comerme, y eso que yo vivía en Mérida, lugar donde nací, no imagino como se habrán sentido mis coterráneos del litoral.

El miedo hace que uno tome acciones poco acertadas, hasta el punto de tomar la acción de paralizarte. Las personas hacemos cosas muy tontas cuando tenemos miedo. Como cuando vamos solos caminando por la calle en la noche y

---

[6] **Juana María de la Concepción Méndez Guzmán**, más conocida como **Conny Méndez**, nació en Caracas (Venezuela) el 11 de abril de 1898 y falleció en Miami (Estados Unidos) el 26 de noviembre de 1979, fue una artista y maestra esotérica venezolana. Aunque se dedicó a las artes plásticas, la interpretación dramática y, con mayor éxito, a la música, su notoriedad fuera de Venezuela procede de haber fundado el movimiento de la Metafísica Cristiana.

vemos un criminal al final de la acera, y luego pensamos ¿Qué hago? ¿Qué hago?... ...y no se te ocurre algo más inteligente que: ¡Cambiarte de acera! Como que si el criminal va a decir: "Que mala suerte me volvió a pasar, mi víctima se cambió de acera y ahora no podré atracarlo".

En mi amado país, Venezuela es el único sitio que conozco donde la canción de arrullo para que los niños se duerman son las notas del Himno Nacional, solo que va acompañada con una letra un poco contradictoria: "Duérmete niño duérmete ya que viene el coco y te comerá", y yo me pregunto ¿Qué niño puede dormirse sabiendo que vendrá el coco a comérselo? En mi país, desde que nacemos todos tenemos que lidiar con el miedo.

Una vez mi abuela me encontró debajo de la cama, paralizado de miedo porque estaba escuchando sonidos en la noche. Me invitó a dormir en su cuarto; y una vez allí me preguntó: *¿Por qué estabas debajo de la cama?* A lo que le respondí *"Porque escuché ruidos y tenía miedo, creo que en el cuarto hay un monstruo"* Luego ella me preguntó: *"¿Freddy, dónde podría estar escondido un monstruo dentro de una habitación?"* Y yo sin dudar le dije: *"¡Debajo de la cama abuela! ¡Ellos siempre están debajo de la cama!"*. Fue la mejor manera que ella tuvo de explicarme que yo soy mi propio monstruo.

¿Qué te impide vencer tus miedos?

En referencia al miedo creo que todos los hombres estarán de acuerdo conmigo cuando digo que ningún miedo supera al miedo de cuando una mujer le está haciendo a usted preguntas sobre algo, primero porque usted sabe que una mujer siempre sabe todas las respuestas y segundo porque usted sabe que diga lo que diga incluso no decir nada o fingir demencia le acercará cada segundo más a un inminente acantilado emocional (es solo cuestión de tiempo), así que yo le sugiero que proceda usted a dar sus respuestas solo en el único momento cuando una mujer es vulnerable e indefensa, es decir cuando ella tenga las uñas recién pintadas. (Obsérvese que en este párrafo cambié mi estilo de redacción, de "tu" a "usted", haberlo hecho tiene un objetivo importante, que yo aún no conozco, pero ya el libro se imprimió y quedó así, en fin, vamos con el otro punto).

Fatalismo y sensación de impotencia: Es la convicción de que nadie ni nada podrá cambiar tu "destino" de pobreza. Es la creencia de que hacer cualquier cosa será en vano porque *"yo nací en el cerro, vivo en el cerro y moriré en el cerro"*[7]. Esta creencia es independiente su clase

---

[7] Frase de Malula Concejal, emblema criollo del humorismo venezolano, caracterizado por la actriz María de Lourdes Olivo.

social, ni siquiera tiene que ver con su nivel educativo, solo tiene que ver con su actitud ante la vida.

Constantemente luchamos con obstáculos que nos dicen: "¡Deja de actuar!" y "Dejar de actuar" es sinónimo de "Fin". Desde antes de nacer empiezas a recibir mensajes para justificar tu inacción. Yo recuerdo por ejemplo que cuando yo tenía 4 años me tocó montarme por primera vez en un escenario, personalizando un becerro (el hijo de la vaca), que dicho sea de paso en mi país es sinónimo de insulto, pero paradójicamente también es sinónimo de superación (pues Simón Díaz[8] fue un becerrero). En fin, el caso era que mi personaje explicaba una tradicional canción infantil, llamada "Con real y medio", el real y el medio eran una de las monedas de menor denominación en mi país de aquel entonces, sin embargo con ellas se podía comprar más que con el billete de mayor denominación de ahora, pero esa es otra historia. Esta canción tenía una letra más o menos así "...*Con real y medio, con real y medio, con real y medio compré una vaca, la vaca tuvo un becerrito, tengo la vaca y también el becerrito y siempre me queda mi real y medio*". Al final el

---

[8] **Simón Narciso Díaz Márquez** (Barbacoas, 8 de agosto de 1928 - Caracas, 19 de febrero de 2014), conocido artísticamente como «**Simón Díaz**» o «**El tío Simón**», fue un cantante, músico, compositor, poeta, humorista, caricaturista y empresario venezolano.

hombre era dueño de una granja completa y siempre le quedaba su real y medio. A los 4 años no entendía cómo mi mamá me compraba un cochinito y me invitaba a ahorrar, pero a su vez estaba yo allí, cantando esta canción titulada "con real y medio" donde el protagonista se gastaba todo lo que se tenía y siempre le quedaba "su real y medio". Algo así como que si tuviésemos en casa una fuente infinita de barriles de oro que no importaba cuanto gastaras siempre los tendrías, por tanto como que no era muy razonable esforzarse mucho en el ahorro.

La vida te ofrece una colección de mensajes que facilitan la creencia de pensar que si naciste en una situación desfavorable estarás destinado a permanecer en esa situación no importa las acciones que ejecutes. Estas creencias son soportadas por la cotidianidad, por ejemplo: "Árbol que nace torcido jamás su tronco endereza", te invita a justificar nuestra propia pobreza (mental) en el campo de la biología, estamos determinados por la herencia a conformarnos con lo que tenemos porque dentro de la genética de cada una de tus células crees que tienes la biología de la pobreza.

¿Puede alguien avanzar "a pesar" de su genética?

¿Puede tú avanzar "a pesar" de tu genética?

En muchas ocasiones la excusa está es la edad, "Loro viejo no aprende a hablar", esta excusa es perfecta para quedarte pobre porque puedes otorgar tu inacción a la edad, y la sociedad te premia.

¿A qué edad exactamente crees que alguien no puedes mejorar?

O incluso vamos un poco más lejos, en pensar que es la experiencia la causa de nuestros males, pensamos que no somos ricos porque todavía nos falta más tiempo para evolucionar como país y mientras ese momento llega no tenemos otra alternativa que permanecer en la pobreza. Países maravillosos como La India, Grecia, China o Egipto son países con muchísimos años de experiencia y no por ello están en la cúspide de los países en cuanto a la riqueza.

¿Cuánto tiempo de experiencia necesitas para salir de la pobreza?

También a veces creemos que no nacimos con la suerte de ser otro país. Un país con mejores oportunidades de la tierra, con mejores recursos naturales o por lo menos eso era lo que decía mi amiga Ruth que había nacido y vivía en Suiza. Ruth anhelaba vivir en un país donde, por ejemplo, la tierra sea lo suficientemente fértil como para cultivar cacao. Sin embargo, aunque eso no es de momento posible, es Suiza famosa por tener el mejor chocolate del mundo.

¿Qué recursos particular tiene Suiza para ser un país rico?

Luego tenemos la historia, creemos que si hubiésemos tenido mejor suerte en el pasado hoy en día seriamos mejores. Recientemente he leído que Australia es el país con mejor calidad de vida del mundo, y Australia es un país joven, que fue hasta hace muy poco un protectorado inglés, llamado *la cárcel de Inglaterra*, donde enviaron por muchos años miles de convictos. Es decir quienes llegaron a Australia fueron los condenados por la justicia, ahhh y también los inmigrantes de países subdesarrollados.

¿Quién puede escribir tu historia?

¿Qué historia quieres vivir?

O algunos piensan que son las falsas actitudes, en cierto momento recuerdo haber escuchado a un buen amigo mío diciéndome *"lo que pasa es que somos un pueblo flojo"*, eso me lo decía a las 5:00 am, rodeado de centenares de personas que esperábamos que abrieran la estación de Plaza Venezuela para ir al trabajo. Otros piensan que es el horóscopo y la compatibilidad con el cosmos, lo que determina el éxito, o que es de pronto la inteligencia de unos con respecto a otros, o que "El que nace barrigón, ni que lo fajen chiquito", o que "Todo palo, no sirve para leña", o que "Morrocoy no sube palo, ni que le pongan horqueta", o que "Dios así lo quiso", o que "todo tiempo pasado fue mejor", o que..., o que..., o que...

¿Qué determina tu riqueza?

¿Puedes tener riqueza?

¿Tienes actualmente riqueza?

Excesivo individualismo: Proviene de la creencia de que no se puede confiar en nadie. Es bueno reconocer nuestra individualidad, después de todo somos individuos únicos e irrepetibles, pero en momentos olvidamos que los humanos somos esencialmente sociales, es decir no existimos sin los demás. Vivimos **con** los demás porque estamos rodeados de un sistema creado por y para las personas, vivimos **de** los demás porque siempre recibimos de los demás, y sobre todo vivimos **para** los demás porque tenemos esa capacidad infinita de Dar a los demás. Dar en plural, es decir dar al otro lo que es "tuyo". Y esa capacidad de Dar sin esperar algo a cambio, esa capacidad de negarte para que crezca el otro es el concepto de Humor que quiero compartir contigo, ¿dije Humor? ¡Perdón! Quise decir Amor...

Ya la humanidad ha tenido oportunidad de experimentar algunos de los valores no cumplidos dentro de la Revolución Francesa. El mundo le ha dado un gran espacio a la libertad (*liberté*) como modelo político (y ese modelo basado en la individualidad fracasó), también la historia ha dado un suficiente espacio a la igualdad (*égalité*) y todos conocemos el profundo daño que ha causado a los pueblos los modelos basados en la conformidad; es probable que sea hora de dar espacio político al tercero de los valores de la revolución francesa: fraternidad (fraternité) un modelo basado en el Dar para convertirnos en individuos libres y siempre solidarios con los demás. Sin embargo esta es solo una idea que a mí se me ha ocurrido para explicar el punto que realmente me interesa, que es: ¿Cómo lidiar con "Excesivo individualismo"? Mi respuesta a ello: FRATERNIDAD. Y de que se trata esta "fraternidad" se trata de mostrar lo mejor de ti para sacar lo mejor de los demás. En Venezuela existen millones de personas que comprenden esto a cabalidad, y me he permito seleccionar para ti, a solo una de ellas para recordarnos quiénes somos nosotros, hablo del Dr. Jacinto[9] que en su "rendición de cuentas" a

---

[9] Jacinto Convit García (Caracas, 11 de septiembre de 1913 – 12 de mayo de 2014) fue un médico y científico venezolano, conocido por desarrollar la vacuna contra la lepra y sus estudios para curar distintos tipos de cáncer. Recibió el Premio Príncipe de Asturias de Investigación Científica y Técnica de 1987 y fue nominado al Premio Nóbel de Medicina en 1988. Falleció a la edad de 100 años.

Venezuela como médico nos dice a todos: "(Venezuela) Te agradezco el haber sido formado en tu seno y el haber entendido en mi tránsito en la vida, asentado en ti, que es el trabajo compartido en equipo, consciente y sostenido el más fructífero". Estoy seguro de que ya hace rato caíste en cuenta de que esta Fraternidad de la que te hablo no es otra cosa que el Amor (servir a los demás), y justamente para mí la única forma de "servir para algo en la vida" es servir…
…a los demás en la vida.

¿Para qué estás en este mundo?

Esta pregunta trascendental me hace recordar a Dios y su relación con los humanos que reconocemos su existencia en cada milagro de la vida; milagros como: una mirada, un animal, un atardecer, una sonrisa o… …una autopista del Este en Caracas sin tráfico. Pero muchas veces se es individualista hasta con el mismo Dios, más de una vez he pillado a algún amigo mío que no soy yo, diciendo: "Dios, si encuentro puesto donde estacionar te prometo que rezaré todos los días", y de pronto ¡Zas! Consigue puesto y se estaciona, e inmediatamente ese amigo mío que no soy yo mira hacia el cielo y le dice a Dios: "¡Actúas muy lento Dios, ya es tarde, ya conseguí puesto!".

Costumbre de persuadir con la mentira como un acto de viveza: Acá quiero referirme al uso de la mentira como un acto de sobrevivencia para persuadir y lograr cosas, matizado con la simpatía de la divertida capacidad para "engañar" de algunos. Una capacidad de mentir aparentemente inofensiva, humorística y necesaria para subsistir, pero que su exageración tiene un impacto muy negativo en la costumbre de una cultura de pobreza.

Algo así como cuando te haces el educado en casa de un amigo y la mamá de ese amigo te toma como ejemplo para su hijo, mientras tu amigo y todo el mundo saben exactamente que no eres el mejor patrón a seguir. O cuando aseguras resolver algo haciendo alarde de la arrogancia de poder resolverlo todo aunque no tengas las competencias, y dices "Tranquilo esto lo resuelvo yo, mira que yo todo lo sé y si no me lo invento".

Yo recuerdo una vez, estaba yo visitando el Museo Británico y Anthony un buen amigo inglés me estuvo contando que en las excavaciones de Stonehenge habían encontrado alambres de cobre, y que luego de un exhaustivo análisis, científicos habían llegado a la conclusión que ya en épocas antiguas los británicos habían inventado el teléfono. Luego de escuchar su historia, a mí se me ocurrió contarle otra muy similar pero de las excavaciones de Sanare

Estado Lara en Venezuela, donde no habían encontrado nada, pero que luego de un exhaustivo análisis, científicos habían llegado a la conclusión que ya en épocas antiguas los venezolanos habían inventado el teléfono celular. A juzgar por la inmutable reacción de Anthony siempre me quedó la duda de que él pudo haber creído mi historia.

Muchas veces la viveza es inocente, es tolerante, es campechana, es simpática, es creativa, es noble, es divertida, es maravillosa, es buena, es parte de lo que somos; sin embargo cuando se potencia de forma constante en todas las acciones de una persona, o de una sociedad, esta simpatía se convierte en un estado de supervivencia altamente nocivo.

¿Puede ser la viveza buena para ti y para tu sociedad?

Irrespeto: Tiene que ver la intolerancia y la irresponsabilidad.

Recuerdo mi primer día de clases en la Universidad, estábamos todos en el salón esperando al profesor. Y en el momento que él llegó, lo primero que hizo fue tomar una tiza, hacer una marca en la pizarra y pedirnos que nos dirigiéramos a la marca para medirnos. Luego pidió, a los alumnos que median por debajo de la raya, que salieran de clase. Dando como argumento que a él no le gustaba darle clase a *"los enanos"*. Las reacciones de todos no se hicieron esperar, e incluso fueron muy variadas, estuvo desde el que no hizo ni dijo nada, hasta el que gritó a viva voz que era una gran injusticia y lideró un movimiento inmediato para quejarse ante el Director de la Escuela o ante el Decano si era necesario. (También hubo el que se quitó los zapatos para ver si media menos y poder no tener clase ese día, recuerdo que hasta el profesor se rio cuando vio mi dedo asomándose por mi media rota). En fin en ese *ajetreo* (siempre quise usar esta palabra porque da aspecto de persona sabia de antaño), pasaron las dos horas de clase, hasta el Director bajó a mediar en el conflicto y el profesor se mantenía firme en su decisión. Pero 3 minutos antes de que terminara la clase el profesor invitó a todos a pasar, escribió en la pizarra la palabra "RACISMO" y dijo "Este es el tema de la clase de hoy, gracias por tomar el curso, nos vemos mañana".

¿Para qué es útil la intolerancia?

¿Para qué es útil la tolerancia?

Más adelante cuando empecé a trabajar, recuerdo que un compañero del trabajo con mayor rango, estaba humillando a otro compañero recién llegado a la oficina, era una escena indignante, cuando del escritorio que estaba junto a la ventana, saltó una voz que dijo: "¡Deja al muchacho tranquilo no ves que estás humillándolo!" y luego de un silencio esa voz murmuró "Que Dios te perdone". A lo que el brabucón respondió: "¡Dios me perdonará ese es su oficio!", bueno por lo menos era él un fiel creyente. Yo sin embargo no tuve otra opción de quedarme boquiabierto mirando esa vergonzosa escena sin poder hacer nada, hasta que el brabucón tuvo que salir a visitar a un cliente y no tuvo otra alternativa que dejar de humillarme. Más adelante me enteré que se eso se llamaba Bullying. No quisiera que confundiéramos el Bullying con el "chalequeo" de fines virtuosos, que nos permite relacionarnos dentro de un estado de fraternidad pero que nos mantiene alertas y despiertos. Y que es parte de la naturaleza de lo que somos.

¿Qué es para ti el respeto?

Baja tolerancia al "fracaso": Tiene que ver con la inconstancia o la tendencia a abandonar rápidamente cualquier esfuerzo que no reciba un éxito inmediato. Es como creer que por inspiración divina algo bueno va a llegar al realizar solo un mínimo esfuerzo. Mientras tanto, las cosas ocurren se resuelven a la solas. O con soluciones momentáneas "pa resolver mientras tanto" y luego ese "pa resolver mientras tanto" se convierte en institución.

¿No les ha pasado que salen con una chica, van a un momento al baño público y ya para salir una vez que nos lavamos las manos, las ponemos en el secador de manos (ese aparato que está en la pared y que sopla aire caliente) y esperas y esperas y esperas y esperas y terminas secándote las manos en los pantalones? y cuando tu chica te ve te dice: "¿Que poco perseverante eres, por qué no esperaste que se te secaran las manos con el secador? ¿Sabes qué? ¡Terminamos! ¡Por inconstante!

Sin embargo debo decir que para mí es cierto que podemos lograr cosas con muy poco esfuerzo y que al éxito se puede llegar en ascensor, pero más temprano que tarde hay que tomar las escaleras para mantener ese éxito, y las estadísticas nos dicen que son las escaleras el único camino para mantenerlo.

La perseverancia y la constancia es un sistema de vida, ya conoces la historia del bombillo y su inventor. Y si no la conoces alza la cabeza y observa las historias de éxito que tienes a tu alrededor. Entender el fracaso como una forma de aprendizaje te hace libre, porque te permite ver otras opciones, no olvides la libertad tiene que ver con las opciones, mientras más opciones tengas para elegir más libre eres. Es tu trabajo caer en cuenta de esas opciones.

Mi padre siempre me decía: *"Nunca digas una palabra que no conozcas, búscala en el diccionario y entérate"* y luego supe que ese acto de enterarse por medio de la razón es la primera y necesaria opción para entender; y luego decidir si es necesario inventar nuevas palabras, e "inventar" siempre está relacionado con "fracasar" y obviamente con aprender de tus inventos para mejorar algo hacia los demás.

¿Tiene la constancia algo que ver con ese éxito?

Misticismo y superstición: Es la predisposición exagerada a creer en la existencia de fuerzas externas incontrolables que determinan el destino de la propia vida. Tengo en Margarita un buen amigo cura, una vez me tocó viajar con él hacia Maracaibo y en mitad de vuelo el avión empezó a tener unas horribles turbulencias que espantaron a todos los que estábamos en el vuelo, sin embargo a mí se me ocurrió decirle: "Padre usted que tiene contacto con Dios mueva sus influencias para que cesen estas turbulencias" A lo que él me respondió: "Lo siento yo estoy en Ventas no en Operaciones".

Creer que un profeta vaticinará un buen futuro para tu país, o creer que si se te quiebra un espejo tendrás siete años y medio de mala suerte es un símbolo de pobreza mental. A mí hace 15 años se me quebraron no uno sino dos espejos y no puedo decir que en estos últimos 15 años he tenido mala suerte ¿O sí?

El realismo mágico, y el misticismo son parte de nuestra fascinante realidad, sin embargo cuando colocamos nuestros infortunios en manos de la superstición, siempre corremos el riesgo de justificar nuestras pobrezas, quitándole peso de responsabilidad a nuestras propias capacidades.

¿Existe la suerte?

¿Qué es la suerte?

Indiferencia: Está relacionado con el individualismo exagerado, es tener una solidaridad solo superficial con los demás, con el entorno y consigo mismo. Es ver que algo no está bien y dejarlo pasar, no haciendo nada. Es pensar que "No es para tanto". La indiferencia es indolencia, es pereza, es apatía. La indiferencia es no solo pensar que no se puede hacer nada para cambiar lo malo, es no hacer efectivamente nada para cambiar eso malo. Es no importarte los demás, es no hacer lo correcto, es que te digan: "Estoy embarazada de ti" y que tú respondas "¡No puede ser, yo ya nací hace mucho tiempo!" Y no te importe nada.

> *¿Qué cosas te molestan del mundo?*
>
> *¿Qué quieres hacer para cambiarlas?*
>
> *¿Qué vas a hacer para cambiarlas?*

Polarización sub-grupal: Con esto me refiero a la disposición exagerada de rivalizar entre sub-grupos políticos, religiosos, empresariales, etc., debido a la necesidad de mantener intactos estos grupos, no cambiar, y no avanzar. Esta historia tú ya la conoces.

> *¿Cuál es el foco de tu energía cuando estás inmerso dentro de un proceso de polarización?*
>
> *¿Qué cosas importantes dejas a un lado cuando estás inmerso dentro de un proceso de polarización?*
>
> *¿Rivalizar es una estrategia inteligente y adecuada?*
>
> *¿Estar dentro de un proceso de polarización te hace vulnerable o te hace fuerte?*
>
> *¿Quién se beneficia dentro de un proceso de polarización?*

¿Entre las opciones Dividir y Sumar, cuál es la más favorable?

Riqueza

Espero que puedas descubrir cuáles son esos elementos de pobreza que no te permiten avanzar y sobre todo cuales son esos elementos de riqueza por los que los vas a sustituir.

¿Qué es la integridad?

¿Qué es la responsabilidad?

¿Es bueno respetar las leyes?

¿Es bueno Dar sin esperar nada a cambio?

Yo estoy seguro que tú eres rico y también estoy seguro que tienes aun mucha riqueza por descubrir, y eso es lo importante, eso es lo maravilloso. Nuestras virtudes y nuestros vicios son inseparables, eso es lo que somos, "¡Esto es lo que hay!", y cuando esas virtudes y esos vicios se separan, dejamos de ser seres humanos para convertirnos en algo Más.

CAPITULO II Humorweaning®

Definición llana

Es una metodología para ayudar a descubrir la riqueza de las personas a través de: el humor – el coaching – la lúdica.

Elementos diferenciadores de la metodología HUMORWEANING®

- Es un método dinámico, adaptable y flexible pues ha sido co-diseñado con el apoyo de anteriores beneficiarios y participantes.

- Mueve a los participantes hacia el espacio de "destete" colocándolos en el estado más favorable para generar reflexión-aprendizaje-cambio. Lo que algunos llaman salir de la zona de confort.

- Incluye 6 dimensiones de aprendizaje mutuamente incluyentes, con el modelo EGO[10].

---

[10] El Modelo EGO, para planificación de jornadas HUMORWEANING, se explica con todo el detalle en el capítulo: LA PRÁCTICA DE HUMORWEANING.

- Se generan siempre muchas más preguntas que respuestas.

- Se hace uso de la lúdica, el humor y el coaching para desarrollar actitudes con elementos no convencionales.

- Las herramientas se enfocan tanto a situaciones reales como a situaciones hipotéticas para abarcar el proceso de aprendizaje desde lo estético y emotivo hasta lo ético y racional.

- Se reivindica la improvisación, pues aun que exista planificación previa las herramientas se introducen "en el momento" que la persona o equipo lo precise.

- El intercambio de experiencias y aprendizajes es un elemento esencial.

- Tiene un enfoque teórico-vivencial inmediato, combinado con una posterior aplicación práctica de impacto social.

- Gran parte del conocimiento ya existe en las personas y puede ser extraído a través de la lúdica, el humor y el coaching.

- La responsabilidad de los resultados recae en el beneficiario, bajo la premisa "empoderar para desarrollar".

- Aunque HUMORWEANING® es una metodología NO CONVENCIONAL, NO COMPITE con el método tradicional e incluso puede complementarse.

- El facilitador siempre "está en flow", es decir está e invita a estar en fluidez con la energía del proceso.

Valores de la metodología HUMORWEANING®

Confianza: Capacidad de confiar en los demás, de confiar en nosotros mismos y de presentarnos como profesionales confiables ante los otros

Sencillez: Capacidad de ser respetuoso, humilde y generoso con las ideas de los demás.

Confidencialidad: Capacidad de manejar la información producto de las sesiones de forma ABSOLUTAMENTE privada. (Esto para los profesionales del coaching)

Flexibilidad: Capacidad para adaptarse a la energía de una persona o equipo y servir a las necesidades del cliente, y no que el cliente sirva a tus necesidades.

Amor y generosidad: Capacidad para dar a los demás sin esperar a cambio algo, con un pensamiento abierto basado en el derecho consuetudinario[11].

Incomodidad: Capacidad de motivar al cliente a moverse hacia su zona de "destete" y que pueda generar aprendizaje y acciones en ese espacio incómodo.

Respeto y relativismo cultural: Capacidad de dar un alto valor a las diferencias y reconocerlas como fuente de conocimiento, por lo que es necesario entonces escucharlas e incluirlas.

Sentido del Humor: Capacidad para reírse de sí mismo o del aspecto poderoso de los demás (la autoridad), pero **nunca** del aspecto humilde o pequeño de las personas.

---

[11] Según Wikipedia. **Derecho consuetudinario**, también llamado *usos o costumbres o derecho natural*, es una fuente del Derecho. Son normas jurídicas que no están establecidas en ninguna ley pero se cumple porque en el tiempo se ha hecho costumbre cumplirla

Prenociones de la metodología HUMORWEANING®

- No existe el fracaso, existe el aprendizaje.

- El aprendizaje está en actuar.

- Desarrollar la intuición favorece el desempeño.

- Siempre nuestro cliente tiene o puede crear todos los recursos para el logro de sus objetivos.

- La diversión genera aprendizaje.

- Tener algo es mejor que no tener nada.

- Siempre puedes hacerlo mejor.

- Menos es más.

- El conocimiento es inútil sin Rapport (Estado de confianza)

- No provocar sin necesidad (*Primun non nocere*) Solo "provocar" para estimular el movimiento hacia la zona de "destete", lejos de la zona de confort.

Habilidades del Facilitador en HUMORWEANING®

Capacidad para aclarar las condiciones de contratación: El facilitador HUMORWEANING® enmarca el alcance de las sesiones mediante contrato. Este contrato debe ser flexible al cambio a partir de las preguntas: ¿Qué espera mi cliente del Facilitador en HUMORWEANING®?, ¿Qué espero yo de mi cliente?, ¿Qué si recibirá mi cliente de mí? y ¿Qué no recibirá mi cliente de mí? Es muy necesario tener las condiciones de contratación claras y confirmarlas antes de iniciar un proyecto.

Recuerdo que una vez tuve un cliente que a mi juicio me parecía no tenía claro mi rol. Yo lo llamé por teléfono y le dije: "Tenemos que hablar, creo que no nos estamos entendiendo" y el me respondió "你是对的"

Capacidad para diseñar un plan para el proyecto: El facilitador HUMORWEANING® planifica las sesiones a partir de hipótesis, definiendo el objetivo del proyecto. Siempre teniendo en cuenta que en el momento de la ejecución nunca se cumplirá esta planificación, pero que si no se hubiese hecho estaríamos en una peor situación. La planificación es importante y útil solo sabiendo que esta nunca se cumplirá cuando lleguemos a la fase de la ejecución. Es por eso que siempre debemos dejar un buen espacio para la improvisación, y para improvisar hay que tener técnica, conocimiento, experiencia y preparación.

Una vez un cliente me dijo: "Según mi planificación usted debe culminar el proyecto en esta fecha" Y me entregó un project, lo leí y le dije "Según esta planificación yo debo terminar el proyecto una semana antes de empezar", luego me dijo "hagamos una reunión para hablar sobre esto" y yo le respondí "Está bien ¿Qué le parece hace una semana?"

Capacidad para romper el plan realizado e improvisar *"in situ":* Una vez diseñada la sesión, el facilitador HUMORWEANING® está preparado junto con su equipo a tomar decisiones de **cambio** de la planificación en caso de "intuir" no estarse logrando los objetivos. Para ello mantiene constante observación y está siempre abierto a improvisar y a ejecutar acciones sin planificación previa o sin que el entorno lo espere; dar espacio a la improvisación permite mantener al facilitador en HUMORWEANING®, a su equipo y a sus clientes constantemente fuera de su la comodidad de la certeza y lo mueve a la genialidad de la duda o como algunos llaman "área de aprendizaje".

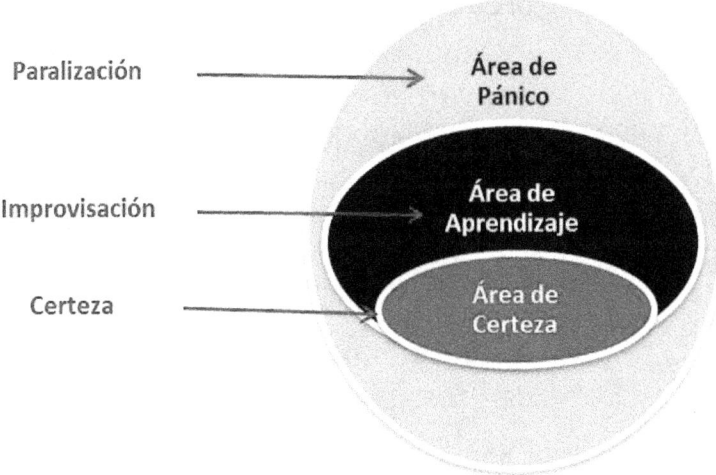

- **Área de Certeza:** Es una área en la que nos sentimos cómodos, seguros, en la que dominamos lo que estamos haciendo. Por ejemplo: relacionarnos siempre con las mismas personas, hacer las mismas tareas en el trabajo, frecuentar los mismos lugares, utilizar los mismos caminos, entre otros. Usualmente es un área muy pequeña, aburrida, conformista, cómoda.

- **Área de Aprendizaje:** Es un área donde nos encontramos con situaciones nuevas que requieren nuestra atención para poder resolverlas. Por ejemplo: hablar en público para una persona que nunca lo ha hecho, pedir algo a sus superiores, liderar un equipo nuevo, entre otros. Las emociones predominantes aquí son la inseguridad, incomodidad, inestabilidad y a veces un poco de vértigo por los cambios. El Facilitador HUMORWEANING® debe moverse en esta zona e invitar gradualmente a sus clientes a permanecer el mayor tiempo posible en esta área, sin obligarlos.

- **Área de Pánico:** Es un área donde entramos de forma no voluntaria, allí se activan nuestras alarmas interiores por considerar el desafío muy alto para nuestras capacidades. La ansiedad, el pánico o la ira nos bloquean, paralizan y no podemos avanzar. Es un área inevitable y mientras más extensa sea el área de aprendizaje más fácil es enfrentar situaciones en esta zona.

Estas áreas son absolutamente particulares para cada individuo. El área de Pánico de una persona puede ser para otra su Área de Confort. Cada individuo tiene su propio ritmo de aprendizaje, sus propios temores, sus propias limitaciones evidentes y no evidentes y sus propias fobias. Pero para todos, el mejor antídoto es la improvisación.

A propósito de improvisación, quiero compartir contigo una de las más famosas frases de Charles Chaplin en sus película Tiempos Modernos: "__ _____ __ _____ ".

Capacidad de Observación y escucha activa: El Facilitador en HUMORWEANING® es un observador disciplinado, está constantemente alerta y seguro de no ser un "experto" del proceso y sabe que su rol no es intervenir en los contenidos aunque tenga conocimientos o información que considere valiosa. Por tanto debe enfocarse en el "cómo" están ocurriendo las cosas desde lo estrictamente observable (sin interpretaciones personales). Por eso sugiero, tener muy claro el necesario **Carácter Subjetivo de la Observación**, para ser eficientes en:

- Escuchar lo que el cliente dice y lo que el cliente no dice, ¡sin "jugar al psicólogo"!, es decir: recordando que el resultado subjetivo de la observación es producto de nuestra propia visión de la situación.

- Escuchar los valores implícitos.

- Escuchar las opiniones no verbales del cliente.

- Escuchar tomando en cuenta los filtros contextuales (sexo, cultura, historia, contexto, edad, nivel social, educación, etc.).

- Escuchar con todos los sentidos.

- Escuchar sin expectativas y sin juicios previos.

- Escucha el ritmo, el tono y el volumen de los clientes.

Observar y escuchar es tener los sentidos abiertos al "sentido común" de lo que es común para tu cliente, sin juzgarlo por más que sus argumentos no coincidan con tu propio "sentido común". Recuerdo que en cierta ocasión un cliente me dijo: "Mi vecino sí que es provocador; una vez tocó la puerta de mi casa un lunes a las 3 am. Por suerte estaba despierto tocando la batería".

<u>Capacidad de hacer preguntas poderosas</u> El Facilitador en HUMORWEANING®:

- Desafía las creencias limitantes de su cliente interrumpiendo el proceso mediante preguntas poderosas. Las creencias limitantes son opiniones falsas y negativas sobre sí mismo.

- Canaliza, mediante preguntas, los objetivos y el contexto de su cliente en aspectos como: tiempo, normas, liderazgo, trabajo en equipo, planificación y pensamiento estratégico, alineación, delegación, participación, flexibilidad, proactividad, toma de decisiones, análisis de problemas, feedback, contexto, ambiente, relaciones, lenguaje no verbal, confianza, entre otros.

Todas las preguntas generan pensamiento, déjate llevar por tus instintos, no planifiques la pregunta del millón, todos saben que es: "¿Cuánto es 250.000 por 4?"

Capacidad de síntesis y extracción de aprendizajes: El Facilitador en HUMORWEANING® ayuda a identificar y simplificar constantemente los aprendizajes de sus clientes, en varios enfoques:

- Modo Situación: ¿Qué ocurre?

- Modo Aprendizaje: ¿Qué estás aprendiendo?

- Modo Innovación: ¿Qué ocurriría si...?

- Modo Respuesta: ¿Qué puedes hacer diferente?

La identificación de aprendizajes debe ser simple y clara *(Less is more)*.

Una vez un amigo mío de infancia, estaba en una revisión de examen con nuestro profesor de inglés, y tardó casi una hora dando argumentos a cada pregunta del examen y cuando culminó la revisión, mi amigo le dijo al profesor: "...después de esta revisión y de haberle demostrado que sí sabía, yo quiero pedirle que por favor me dé un diez profesor" y el profesor le respondió "Ok, ten".

Capacidad para comunicar: El Facilitador en HUMORWEANING® adapta su estilo de comunicación a su cliente y a las circunstancias. Manejándose en un espectro entre el autoritarismo y el empoderamiento.

La comunicación debe adaptarse a las circunstancias debe ser clara y adecuada al contexto. Una vez en un restaurante vi una escena donde un cliente se quejaba "¡Mesonero! hay una AVPYRNHFHFHGVBDKSQAMN en mi sopa" y el mesonero le respondió "Señor, usted pidió sopa de letras".

Capacidad de innovar y crear nuevos modelos no convencionales: El Facilitador en HUMORWEANING® no se circunscribe a las herramientas aprendidas, constantemente está incómodo investigando nuevos instrumentos de aplicación práctica con una orientación innovadora, creativa y generadora de nuevos modelos que nutran la trilogía (humor-lúdica-coaching). Constantemente se hace preguntas y las responde desde lo no convencional.

Diseña de forma constante preguntas trascendentales que lo ayuden a descubrir nuevas formas de hacer las cosas, preguntas como por ejemplo: cuando jugamos "Piedra papel o tijera" ¿Qué pasa con la piedra cuando el papel la cubre? ¿Muere la piedra asfixiada?

Capacidad para actuar con desparpajo y "ridiculez": El Facilitador en HUMORWEANING® desarrolla su sentido de la ridiculez y se entrega a facilitar procesos desde la intuición.

La gente que no quiere que se rían de sus actitudes no debería tener actitudes tan graciosas.

Capacidad para impactar en los demás por medio de la sencillez: El Facilitador HUMORWEANING® no hace uso de externalidades para basar su liderazgo. En el proceso tiene claro que debe incluso negarse a sí mismo para que crezca y brille el otro. Mientras menos brille él mejor es su trabajo.

Tal vez los tres tigres estaban tristes porque les dieron trigo y no carne, ¡Simple!

Capacidad para trabajar con la energía que ofrece el cliente: El Facilitador en HUMORWEANING® desarrolla su estrategia adaptándose siempre según la energía que el cliente ofrece, sin "adular", sin intentar convencer, sin realizar acciones propagandísticas, sin forzar la conclusión en la intervención, sin obligar, sin usar técnicas de persuasión predeterminadas, sin rogar, sin vender bondades de las herramientas, recursos, marcas, facilitadores, método, etc. "Todo lo que ocurra está bien" y generará aprendizaje. Y el trabajo es ayudar a que el cliente identifique esos aprendizajes.

Una vez estaba en el emocionante y mágico lugar detrás de escenario antes de iniciar una presentación de comedia en el teatro del Colegio San Agustín en El Paraíso Caracas, el teatro estaba a casa llena, faltaban 2 minutos para entrar a escena, cuando se me acercó una señora que limpiaba y me preguntó: "¿Estás nervioso?" y yo le respondí "¡Por supuesto que sí!", luego ella me dijo "¿Es tu primera vez?" a lo que yo le respondí "No, ya había estado nervioso antes". Ella hizo una pausa, y me dijo: "Tranquilo todo saldrá bien. ¿Puedo darte una valiosa sugerencia? Y yo le dije claro por supuesto. Y ella me dijo "No lo vayas a hacer mal" y ¡Me empujó al escenario!

Capacidad para proveer retroalimentación: El Facilitador en HUMORWEANING® provee feed back en cada proceso, según un enfoque:

- **Positivista[12]:** Solo describe lo observado sin emitir juicio, sin personalizar las observaciones.

- **Intuitivo:** Hace uso de la inteligencia intuitiva para dar opinión, confiando y afinando ese "sexto sentido".

- **Interrogativo:** Formula preguntas inductoras o preguntas reflexivas.

La retroalimentación debe ser corta, precisa y clara, preferiblemente que mueva a la acción. Dar una retroalimentación, poco precisa es como cuando tocamos la puerta y preguntan "¿quién es?" y nosotros respondemos "¡Soy Yo!"

Capacidad para celebrar logros: El Facilitador HUMORWEANING® nunca pierde la oportunidad para celebrar logros de aprendizajes en circunstancias de éxito o de "fracaso" a corto, mediano y largo plazo.

Una vez un cliente me dijo: "La palabra «rendirse» no está en mi diccionario" y yo lo alenté y le dije "Que bien, excelente actitud",

---

[12] El **positivismo** es una corriente o escuela filosófica que afirma que el único conocimiento auténtico es el conocimiento científico, y que tal conocimiento solamente puede surgir de la afirmación de las teorías a través del método científico. El positivismo deriva de la epistemología que surge en Francia a inicios del siglo XIX de la mano del pensador francés Saint-Simon primero, de Augusto Comte segundo, y del británico John Stuart Mill y se extiende y desarrolla por el resto de Europa en la segunda mitad de dicho siglo.

luego él me dijo: "Gracias, pero ya va a ver, voy a descubrir quién es el gracioso que está arrancando las hojas de mi diccionario nuevo".

Capacidad para jugar: El Facilitador HUMORWEANING® confía con valentía en el juego como herramienta de aprendizaje y desarrollo de competencias.

Por cierto anoche me lesioné jugando ajedrez.

Capacidad para hacer uso de elementos humorísticos: El Facilitador HUMORWEANING® está abierto a la investigación y aplicación práctica constante de elementos humorísticos que acompañen el desarrollo de competencias.

Capacidad para empoderar al cliente de los resultados obtenidos: El Facilitador HUMORWEANING® siempre pasa a segundo plano en cada proyecto. El que brilla, desarrolla, decide y conoce es su cliente.

El cliente es el responsable de sus acciones las buenas y las no tan buenas. Una vez un cliente me mostró una carta que decía:

"Querido alcohol:

Teníamos un trato. Yo te compraba y tú me hacías más divertido e inteligente. Vi un vídeo. Creo que tenemos que hablar".

Modelo HUMORWEANING®

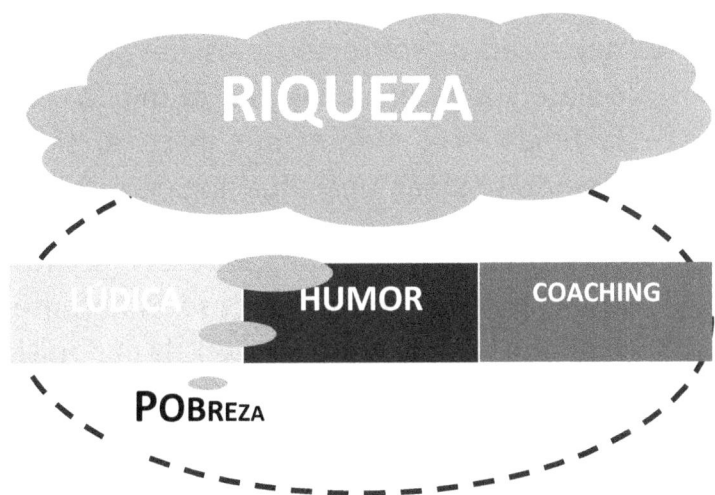

Lúdica: La palabra lúdico es un adjetivo que califica todo lo que se relaciona con el juego, se deriva etimológicamente del latín *"ludus"* cuyo significado es justamente juego, como actividad placentera donde el ser humano se libera de rigideces y de las reglas culturales impuestas. Los juegos son mecanismos de interacción social esenciales en la naturaleza humana y el hombre es esencialmente jugador *"homo ludens",* por eso la lúdica es un elemento natural para el desarrollo y aprendizaje que permite ubicar al cliente en una posición hipotética, "artificial", libre y espontánea. La lúdica es un proceso inseparable del desarrollo humano tanto en las dimensiones sociales y culturales como en las cognitivas, psíquicas y espirituales.

En cualquier proceso de juego se producen neurotransmisores que activan algunas aéreas del cerebro, sobre todo las del sistema límbico donde subyacen la alegría, el miedo, el placer o la huida y el ataque que hace el ser humano cuando se ve en una situación de estrés.

Para fines de este libro enfocaré la importancia de la lúdica como proceso inherente al ser humano y su impacto en la adquisición de actitudes de excelencia. Te propongo dos dimensiones: el juego y la teoría de juegos aplicada a las ciencias sociales.

a) **El juego:** El juego es una herramienta natural de desarrollo de actitudes, cuando jugamos "hacemos como si" viviéramos una situación. A pesar de que mentalmente sabemos que "sólo es un juego", nuestras emociones y valores se involucran poderosamente. El juego permite ensayar y aprender nuevas opciones de comportamiento en un ambiente "seguro". Mi sobrino una vez me enseñó que el juego es algo que no debemos tomarlo con ligereza, cuando a sus 3 años de edad, un día en el que estábamos jugando a los piratas en una hamaca, me dijo: "¡Tío juega en serio!".

La formación a través de los juegos permite:

- En el PRESENTE: Disfrutar dentro un estado divertido.

- En el PASADO: Rescatar experiencias anteriores elementos mediante la reflexión.

- En el FUTURO: Identificar la aplicación práctica de la experiencia vivencial.

Dentro de las organizaciones podemos jugar para:

- Conocernos o "romper el hielo"

- Desarrollar competencias actitudinales

- Enseñar procedimientos y conceptos

- Desarrollar creatividad e innovación

- Experimentar aprendizajes dentro de actividades organizacionales Outdoor o de Teambuilding

- Tomar decisiones

Todo depende de: el juego en sí mismo, el objetivo del juego, las características de los participantes y las necesidades del cliente.

Los juegos invitan a la acción inmediata y están casados con el concepto de "aprender - haciendo" y "aprender - sintiendo", por ello el facilitador debe tener siempre presente "Empoderar para desarrollar", invitar a los participantes a hacerse responsable de sus procesos *(locus de control interno)*.

b) **Teoría de los juegos aplicada a las ciencias sociales:** La Teoría de los juegos es una rama de las Matemáticas (John Von Neumann), que explica métodos de actuación y comportamiento de personas en base a predicciones que éstas hacen de las decisiones de otros participantes en el juego estratégico. La teoría de juegos describe situaciones envueltas en conflictos en los que el beneficio es afectado por las acciones y contra-reacciones (**interacciones**) de oponentes inteligentes dentro de un conjunto de **reglas** formales e informales. Un ejemplo es el "dilema del prisionero"[13].

---

[13] El **dilema del prisionero** es un problema fundamental de la teoría de juegos que muestra que dos personas pueden no cooperar incluso si en ello va el interés de ambas.

Juego "Suma Cero": Interacciones donde debe existir un ganador y un perdedor, el ganador gana a expensas del perdedor. Por cada ganador debe haber un perdedor y la suma da cero. Se debe aplastar al otro y tratarlo como un oponente para ganar. Los juegos "suma cero" suponen:

1. Los recursos son escasos y las necesidades infinitas.
2. El conocimiento es poder, mantén tu estrategia en secreto, si no lo haces, tu oponente vencerá.
3. Cualquier cosa que dañe al oponente es buena para ti, se puede ganar dañando a los competidores.

Juegos "Suma No Cero": **No** exige un ganador ni un perdedor, todos los jugadores pueden salir ganando o perdiendo. Acá el infortunio de un jugador no necesariamente beneficia a los demás. Los juegos "suma No cero" suponen:

1. Los recursos son abundantes, infinitos y superiores a los que cualquier jugador pueda necesitar.
2. Cada cual dispone de los recursos que necesita o puede producirlos.
3. Aun que lo hagas mejor que tus competidores, todos, incluyéndote, pueden estar yéndole mal.

4. La estrategia trasparente y abierta puede constituir una opción beneficiosa, si todos saben lo que haces pueden planificar mejor sus estrategias para que todos ganen.

¿Cómo juegas tus en tus relaciones con los demás?

¿Juegas para pulverizar al otro o juegas para sumar con el otro?

Reglas:

Para jugar en la sociedad hay que entender el sistema de reglas, por ello quiero que pienses en estas dos visiones para marcar los límites:

1. **Derecho Romano**: Prohíbe lo que no se permite (si algo no está explícitamente permitido es entonces prohibido). Es decir TODO está PROHIBIDO menos las cosas que la ley permite.

2. **Derecho Consuetudinario:** Permite lo que no se prohíbe (cada quién es libre de actuar al menos que exista alguna norma que dicte explícitamente lo contrario). Es decir TODO está PERMITIDO menos las cosas que la ley prohíba.

¿Cuáles son las reglas que tú adoptas para jugar en tu vida?

¿Reglas basadas en el Derecho Romano? O ¿Reglas basadas en el Derecho Consuetudinario?

¿Si hay algo que no está expresamente permitido está bien que sea prohibido? O para ti ¿Todo está permitido al menos que sea expresamente prohibido?

Interacciones: Las personas contamos con varias maneras para interrelacionarnos, y todas son útiles, todas son buenas:

1. **Conflicto,** Tesis – AntiTesis – Síntesis
2. **Conformidad,** Actitudes auto impuestas para relacionarnos con los demás.
3. **Coacción,** Decisiones menos legítimas pero más económicas en tiempo.
4. **Cooperación,** Decisiones legítimas pero más costosas en tiempo.

¿De qué forma te relacionas con los demás?

¿Qué tipo de forma de interacción es la que tú más usas?

La confianza en los juegos:

    1. **Confianza en sí mismo:** Autoestima

    2. **Confianza en los demás:** Fe

    3. **Ser confiable:** Dar confianza

¿Cómo te sientes con respecto a ti mismo?

¿Qué tipo de derecho aplicas en cuanto a tu confianza con los demás?

¿Cómo juegas en tus interacciones sociales, en "suma cero" o en "suma NO cero"?

Humor: Es una condición exclusivamente humana manifestada en expresiones que exaltan el lado Gracioso de las situaciones.

    a) **Los Griegos Antiguos:** Decían que el *Humor* podía traducirse como líquido o humedad, se consideraba que el cuerpo del ser humano estaba formado por cuatro humores o líquidos (sangre, bilis amarilla, bilis negra y agua) que se relacionaban con los cuatro elementos de la naturaleza (aire, fuego, tierra y agua).

b) Aristóteles[14]: *"El secreto del humor es la sorpresa"*.

c) Aquiles Nazoa[15]: Decía refiriéndose al que hace el humor *"Un humorista es aquel que toma la sociedad en sus delicadísimos dedos y empieza a jugar con ellos como una marioneta maravillosa. El humorista es un hombre de actitud subversiva frente al mundo, un hombre que no se resigna a vivir en la situación que el destino le ha señalado, pero la ama tanto que tampoco puede renunciar a ella y lo que hace es como irla descubriendo por medio del amor, irla desarmando pieza a pieza, a ver qué verdad profunda hay detrás y debajo de aquello que la tradición, las costumbres y los convencionalismos, le dicen ser la verdad*

---

[14] **Aristóteles** (en griego antiguo Ἀριστοτέλης, *Aristotélēs*) (384 a. C.- 322 a. C.)[1 2] fue un **polímata**: **filósofo**, **lógico** y **científico** de la Antigua Grecia cuyas ideas han ejercido una enorme influencia sobre la historia intelectual de Occidente por más de dos milenios.[1 2 3]

[15] **Aquiles Nazoa**, quien nació el 17 de mayo de 1920 en el barrio caraqueño de "El Guarataro", en el sector Cola de Pato. Fue un escritor, periodista, poeta y humorista venezolano. Hijo de Rafael Nazoa y Micaela González y hermano del también poeta Aníbal Nazoa en el seno de una familia de escasos recursos económicos. En sus obras se expresan los valores de la cultura popular venezolana.

válida y, precisamente, del desarmar la pieza humana como un juguete en manos de un niño para ver qué tiene adentro, qué hay de salvable en ella, es de allí de donde surge el humorismo. El humor lo que hace es provocar el pensamiento analítico. El humorista que no es bondadoso, cuando no tiene un caudal inmenso de ternura en su corazón, entonces, puede serlo todo, menos humorista."

c) Groucho Marx[16]: *"Humor es posiblemente una palabra; la uso constantemente y estoy loco por ella. Algún día averiguaré su significado".*

d) Friedrich Nietzsche[17]: *"La potencia intelectual de un hombre se mide por la dosis de humor que es capaz de utilizar".*

e) Winston Churchill[18]: *"Una broma es una cosa muy seria".*

---

[16] **Julius Henry Marx**, conocido artísticamente como **Groucho Marx** (Nueva York, 2 de octubre de 1890-Los Ángeles, 19 de agosto de 1977) fue un actor, humorista y escritor estadounidense, conocido principalmente por ser uno de los miembros de los hermanos Marx.

[17] **Friedrich Wilhelm Nietzsche** (AFI ˈfʁiːdʁɪç ˈvɪlhɛlm ˈniːt͡ʃə) (Röcken, cerca de Lützen, 15 de octubre de 1844-Weimar, 25 de agosto de 1900) fue un filósofo, poeta, músico y filólogo alemán, considerado uno de los pensadores contemporáneos más influyentes del siglo XIX.

[18] **Winston Leonard Spencer Churchill**, KG, OM, CH, TD, FRS, PC (Palacio de Blenheim, 30 de noviembre de 1874 – Londres, 24 de enero de 1965) fue un político y estadista británico, conocido por su liderazgo del Reino Unido durante la Segunda Guerra Mundial. Es considerado uno de los grandes líderes de tiempos de guerra y fue Primer Ministro del Reino Unido en dos

f) **Charles Chaplin**[19]: *"A fin de cuentas, todo es un chiste"*.

¿Cuál es tu definición de Humor?

Coaching: El coaching que quiero compartir contigo tiene estas características:

a) **Concepto:** Es el proceso profesional de **acompañamiento** a otras personas, para motivarlos a **generar** sus propios **aprendizajes** y descubrir sus propias **riquezas**. Este descubrimiento facilita la **acción al cambio para la mejora**, y al final del proceso es absolutamente necesaria la **no presencia del coach**.

b) **Orígenes:** Nace de la Ironía y la Mayéutica socrática, pero puede adaptarse a todas las corrientes.

---

períodos (1940-45 y 1951-55). Notable estadista y orador, Churchill fue también oficial del Ejército Británico, historiador, escritor y artista. Hasta la fecha es el único Primer Ministro Británico que ha sido galardonado con el Premio Nobel de Literatura, y fue nombrado ciudadano honorario de los Estados Unidos de América.[1]

[19] **Charles Spencer «Charlie» Chaplin** (Londres, Inglaterra, 16 de abril de 1889- Vevey, Suiza, 25 de diciembre de 1977) fue un actor, humorista, compositor, productor, director y escritor británico. Adquirió popularidad gracias a su personaje Charlot en múltiples películas del período mudo.[1] A partir de entonces, es considerado un símbolo del humorismo y el cine mudo.[2] Para el final de la Primera Guerra Mundial, era uno de los hombres más reconocidos de la cinematografía mundial.

La Ironía: Es parte del método dialéctico usado por Sócrates, es en esta etapa donde se plantea que el cliente es quién conoce la fórmula para la resolución de problemas. Acá el cliente responde preguntas sin pensar mucho en lo que dice y generalmente piensa que lo que cree es cierto, cuando en realidad no ha tenido tiempo de desarrollar un pensamiento objetivo acerca de lo que cree, así que hace uso del prejuicio para dar forma al pensamiento, para luego dar paso a la mayéutica.

La mayéutica: es una técnica que consiste en interrogar a una persona para hacer que llegue al conocimiento a través de sus propias conclusiones y no a través de un conocimiento aprendido y pre conceptualizado. La mayéutica se basa en la capacidad intrínseca de cada individuo, la cual supone la idea de que la verdad está oculta en el interior de uno mismo.

Para el HUMORWEANING®, el método socrático no debe estar divorciado del método científico, que permite recibir datos del mundo a través de los sentidos, pues parte de ese conocimiento de "inteligencia intuitiva" se genera a partir de la exposición de experiencias anteriores.

c) **Elementos:** El facilitador HUMORWEANING® en su rol de coach solo puede hacer 3 cosas: Observar, escuchar y en el caso de que tenga que hablar solo puede preguntar.

Observación: Observar solo conductas y logros, sin interpretaciones y sin juicios previos. Es permitido tener hipótesis pero deben ser validadas constantemente. La observación hace que lo abstracto se lleve a conductas o logros medibles. La observación se hace con mentalidad de "perro" en el aquí y el ahora, sin interpretaciones previas, sin prejuicios, sin pasado, e incluso sin futuro. Nunca se debe dejar a un lado el proceso interno de auto observación.

Atención: Escuchar con todos tus sentidos, el ritmo, tono y volumen de tus clientes. Observar y escuchar desde lo fenomenológico.

Preguntación: Preguntar con propósito.

d) **Estructura**

Confianza: Acompañar y guiar a la persona para establecer un lazo de confianza en TODO MOMENTO del proyecto.

Determinar el Argumento: Preguntar y escuchar del cliente el objetivo que quiere trabajar durante el proyecto.

Examinar el Argumento: Realizar preguntas de indagación.

Confrontación Pertinente: Confrontar al cliente para desafiarlo a moverse a su zona de aprendizaje.

Promover Soluciones: Escuchar del cliente los escenarios de solución que él descubrió, asegurándonos que esos escenarios sean diferentes a los que ya él ha hecho antes.

Exigir un Procedimiento para la Acción: Pedir al cliente el "como" va a ejecutar el escenario seleccionado en el logro de su objetivo, tomando en cuenta:

- ¿Qué resultado quiero producir (servicio que garantizaré)?

- ¿Para quién lo produciré (cliente)?

- ¿Cuándo lo realizaré (plazo)?

- ¿A qué precio o de qué forma (costo)?

Facilitar Aprendizajes: Facilitar la ponderación de los aprendizajes del proceso y su forma de seguimiento (indicadores). Se invita al a cliente tener conciencia del lugar en donde está su aprendizaje, para facilitarle su seguimiento y desarrollo. Este aprendizaje debe tener competencia y creatividad, es decir debe traducirse en la adopción de nuevas competencias de excelencia y estas nuevas competencias deben invitar a la creación de lo inédito. Este aprendizaje competente y creativo pasa por las siguientes fases:

- Incompetencia Inconsciente.
- Incompetencia Consciente.
- Competencia Consciente.
- Competencia Inconsciente.
- Competencia Creativa.

Esta es una metodología simple y flexible, donde tú puedes incluir tus propias herramientas, solo se deben cumplir 2 aspectos:

1. Enfocarla con valentía a ayudar a los demás a descubrir su potencial riqueza.
2. Introducir elementos de Juego, de Coaching y de Humor.

Eso es lo que hemos hecho durante algunos años y ahora yo quiero que tú te apropies de ella, la mejores, la apliques y la uses desde tu propia creatividad y propia experiencia. Yo por los momentos solo puedo ofrecerte una guía práctica de aplicación que siempre será flexible y susceptible a los cambios que tú consideres. Y esa guía es la siguiente:

Capitulo III La Práctica de HUMORWEANING®

Modelo de Ejecución HUMORWEANING® para procesos Individuales:

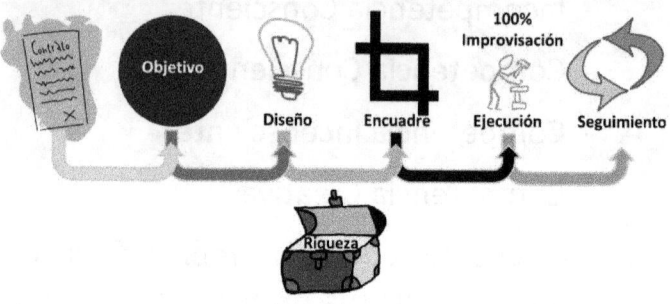

Modelo de Ejecución HUMORWEANING® para procesos Grupales:

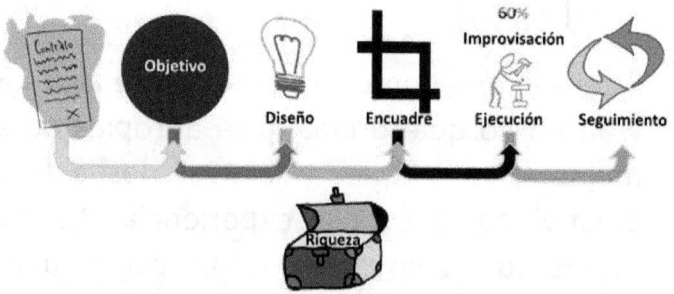

El modelo para tanto para los procesos individuales como para los procesos grupales, es el mismo la única variación en el método es que para la ejecución en los procesos individuales se usa 100% de improvisación y para los procesos grupales se usa 60% de improvisación.

 **Contratación:**

En el paso de contratación debe dejarse claro al cliente el objetivo superior de la metodología HUMORWEANING, explicar que cuando las personas descubren su propia riqueza es mucho más fácil que puedan estar dispuestos a desarrollar las competencias deseadas. Acá se debe enmarcar el alcance de las sesiones. Se debe aclarar que la responsabilidad de cambio es exclusiva de quienes participan y que tu solo facilitarás que la persona tome su decisión de cambio. Se debe escuchar lo que el cliente espera del proyecto y validar de entrada si estamos en capacidad de proveerlo con nuestro trabajo. Se debe aclarar qué esperamos del cliente. Se debe aclarar que HUMORWEANING® no es Terapia Psicológica (Aunque seamos psicólogos, no tratamos patologías), no es Consultoría (Aunque seamos expertos, no orientamos al participante con lo que debe hacer o no debe hacer), no es Asesoría (Aunque "sepamos" qué es lo mejor para el cliente, no damos nuestra opinión), no es Mentoring (Aunque tengamos mucha experiencia, no guiamos al cliente camino que "creemos" es el mejor para él), no es Formación (Aunque hagamos presentaciones de herramientas y técnicas, no nos enfocamos en el aprendizaje técnico sino que nos enfocamos en la aplicación práctica hacia el aprendizaje personal). En este contrato debe también dejarse claro el tiempo, lugar, estructura de la metodología y forma de pago.

Que cosas puede esperar el cliente de mi:

a) Una relación abierta, honesta y de colaboración, en la que puede apoyarse para el logro de objetivos que se tracen al inicio del proceso.
b) Que aplique muchas maneras de hacerlo sentir constantemente incómodo(a) a lo largo de las sesiones, con la intención de sacarlo de tu zona de confort.
c) Que lo ayude a sacar lo mejor y lo más auténtico de él.
d) Que proporcione seguridad, apoyo y un entorno en el que pueda relajarse y explorar ideas, limitaciones, oportunidades, sueños, etc.

e) Que respete el acuerdo de confidencialidad tanto como las Leyes lo permitan.
f) Que lo ayude a descubrir nuevos puntos de vista.
g) Que le de feedback sobre el progreso, limitaciones, o cualquier otra cosa relevante del proceso.
h) Que lo escuche atentamente y le haga preguntas que le ayude a que se dé cuenta de cosas importantes.

Que cosas espero yo de mi cliente:

a) Que sea completamente honesto consigo mismo(a).
b) Que se comprometa con resultados que sean realmente importantes.
c) Que experimente con nuevas formas de hacer las cosas y que practique nuevos comportamientos.
d) Que me proporciones a menudo la suficiente retroalimentación para que yo sepa que el proceso que estamos haciendo es valioso y satisface tus necesidades.
e) Que esté abierto a escuchar.
f) Que se sienta orgulloso de todos los progresos y logros.

Objetivo:

En este paso debemos definir con el cliente ¿Qué quiere lograr él? ¿Cuál es su situación deseada? Los objetivos pueden ser:

a) Desarrollar competencias
b) Desarrollar comportamientos
c) Desarrollar valores

Diseño:

En este paso haré una diferenciación entre los procesos individuales y los procesos grupales.

Procesos Individuales: Solo se diseñan o planifican los términos logísticos (lugar, tiempo, etc); no se planifican términos de método porque la ejecución será sin expectativas y con 100% de improvisación.

Procesos Grupales: Se diseñan o planifican tanto los términos logísticos: (lugar, tiempo, recursos físicos, recursos humanos); como los términos de método: experiencias anteriores del cliente (¿repetir?, ¿evitar? o ¿hacer diferente?). En el diseño de procesos grupales la planificación debe ser co-diseñada con el cliente. Es muy importante desde este paso tener conciencia que durante la ejecución solo se aplicará un máximo de 40% de lo diseñado, pudiendo tener el caso que no se aplique nada de lo diseñado, pues debe haber un mínimo de 60% que debe ejecutarse con improvisación.

- Se planifica la logística tomando en cuenta: el lugar, la cantidad de personas, los recursos humanos, los recursos físicos, la fecha, el itinerario, los costos, los recursos financieros, etc.
- Se diseñan actividades TOTALMENTE personalizadas al proyecto.
- Se definen algunos desafíos o retos, si no hay un desafío no hay motivación.
- Según la energía del grupo SIEMPRE debe dejarse un espacio mínimo de 60% para la improvisación (Inclusión de actividades nuevas aun no validadas, inclusión modificada de actividades probadas no exitosas, inclusión de actividades ya probadas exitosas).
- Se recomienda el uso de postas para dividir al grupo en varios subgrupos, facilitar la competitividad y prestar un servicio más personalizado. Al final de la ejecución todos los subgrupos deben ser partes de un mega equipo conformados por todos.

⌗ Encuadre:

Toda jornada debe ser enmarcada en objetivo y normas. Conviene que las normas sean creadas por el equipo y no por el facilitador o por el jefe. Sin embargo acá hay un ejemplo general de encuadre:

Mis Derechos:

- A que todos respetemos la Confidencialidad de la jornada
- A elegir mi grado de participación (Riesgo por Elección)
- A pedir y recibir ayuda
- A equivocarme
- A decir "NO ENTIENDO"
- A celebrar los logros

Mis Compromisos:

- Estar presente
- Expresar con la verdad
- Abrirme a los retos (desafiar mis límites)
- Cuidarme y a cuidar a mis compañeros
- Trabajar por objetivos comunes
- Respetar los derechos de todos

Ejecución:

En este paso se ejecuta la jornada, donde el único que debe y pude brillar debe ser el cliente. Se debe tener confianza en la improvisación pues es la columna primaria de este paso. Durante la ejecución debemos asegurarnos de que el cliente se pasee por diferentes visiones y áreas que involucran al objetivo que quiere lograr. Yo recomiendo no mirar hacia sí mismo (si lo estamos haciendo bien o mal) es decir no mirar hacia el ego y enfocarse absolutamente en el cliente, con todos los sentidos y ayudarlo a que se dé cuenta de la situación de forma sistémica, usando un enfoque global del objetivo **EGO (Enfoque Global del Objetivo).**

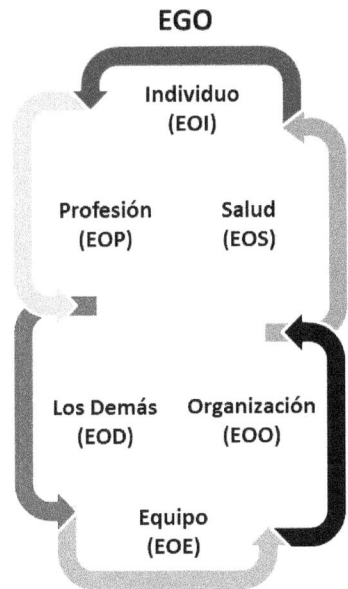

- **Enfoque Orientado hacia el Individuo (EOI):** ¿Qué está aprendiendo el cliente para sí mismo, durante el proceso?

- **Enfoque Orientado hacia la Organización (EOO):** ¿Qué aprendizaje quiere transferir el cliente a la institución?

- **Enfoque Orientado hacia el Equipo (EOE):** ¿Qué está aprendiendo el equipo para su beneficio, durante el proceso? ¿Qué está aprendiendo el cliente para su equipo en el proceso?

- **Enfoque Orientado hacia la Salud (EOS):** ¿Qué aprendizajes ha adquirido el cliente para su salud, equilibrio y ecología?

- **Enfoque Orientado hacia la Profesión (EOP):** ¿Qué ha aprendido el cliente para su desarrollo profesional?

- **Enfoque Orientado hacia los Demás (EOD):** ¿Qué aprendizaje ha adquirido el cliente para los demás?

Seguimiento:

En este paso se debe motivar al cliente a que cree mecanismos de auto seguimiento que le permita darse cuenta que está logrando los objetivos planteados.

Capitulo IV Herramientas para la aplicación de HUMORWEANING®

A continuación te mostraré de forma general algunas herramientas usadas dentro de esta metodología. Tienes que tener en cuenta de que no son las únicas, que puedes incluir otras y sobre todo que debes crear tus propias herramientas. Lo único que no es negociable es que siempre debes incluir los tres elementos COACHING – HUMOR – LÚDICA.

Algunas herramientas de Coaching:

Ya conoces el concepto de coaching usado en esta metodología, sin embargo quiero solo hacer algunas consideraciones para asegurarme de que lo tengas claro:

- **Es el proceso profesional de acompañamiento a otras personas**: Es un *proceso* porque supone un viaje en el tiempo. Es *profesional* porque debe ser ejecutado necesariamente por un profesional en coaching (No dije: "…necesariamente por un graduado en coaching"). Es *de acompañamiento* porque el coach no guía, no abre caminos, no orienta sobre qué hacer, no asesora; solo acompaña al cliente siempre a su lado observándolo, escuchándolo y motivándolo a que vea nuevas alternativas y nunca adelante o atrás del cliente. Es *a otras personas* porque debe ser plural debe haber mínimo dos personas involucradas debe ser de uno hacia otro u otros, nunca de uno para uno mismo.

- **Para motivarlos a generar sus propios aprendizajes y descubrir sus propias riquezas**: Su objetivo es *para motivarlos a generar sus propios aprendizajes* porque el coach sabe que el cliente tiene experiencias, potenciales, actitudes, sabidurías e inteligencias propias que son suficientes para lograr sus propios objetivos mejor que cualquier otra persona en el mundo. *Y descubrir sus propias riquezas* porque el fin último del coaching es hacer que los demás descubran sus propias riquezas y vencer la pobreza.

- **Este auto descubrimiento facilita la acción al cambio para la mejora, y al final del proceso es absolutamente necesaria la no presencia del coach:** Es necesario siempre caer en cuenta de que *Este auto descubrimiento facilita la acción al cambio para la mejora,* es decir que debe traducirse en todo momento en acciones, no en pensamientos, sentimientos, emociones o ideas. ¡En ACCIONES! y esas acciones deben ser buenas acciones que permita cambios, ¡Buenos cambios! **y al final del proceso es absolutamente necesaria la no presencia del coach,** es decir el único que debe brillar es el cliente hasta un punto tal en el que el acompañamiento del coach sea innecesario. Un buen coach es el que luego de realizar su trabajo no es necesitado por el cliente como coach.

Algunas Herramientas del Coaching

Reuniones Efectivas: Invitar a los participantes dentro del coaching grupal a que:

- Se escuchen de forma activa.

- Hagan una pausa para hablar, de 1 segundo luego que alguien termine de hablar. Esto para evitar montar la voz por encima del otro.
- Nunca juzguen a nadie.
- Se expresen con sinceridad.
- Construyan sobre lo que otro dijo para sumar a la reunión.
- Cuando una persona del grupo de una idea, pude cualquier otra persona del grupo contra argumentarla. Pero una vez sea contra argumentada la persona que dio la idea inicial no puede hablar y tiene que esperar que cualquier otra persona del grupo de otra idea para responder al contra argumento. Esto hace ayuda a evitar una discusión solo con dos personas del grupo.

Fishbowl: Es una herramienta que facilita la discusión grupal y fomenta la participación, el truco está en enfocarse en pequeños grupos de personas a la vez, para ayudar a que la composición de dicho grupo sea fluida.

¿Cómo Funciona?

- Se ubican tres. cuatro o cinco sillas en un círculo en el centro de la sala, apuntando hacia el centro. Este grupo de sillas simula una pecera. Se ubican más sillas en los

alrededores por fuera del círculo interno, también apuntando al centro.
- Se invita a algunos participantes a ocupar las sillas del círculo interno dejando siempre una de las sillas libres. Estos participantes son los peces. El resto de los participantes se sientan en las sillas adicionales por fuera. Ellos son los observadores. El trabajo del facilitador es pararse a un lado fuera de la pecera y motivar la discusión del grupo.
- Solo los que están dentro de la pecera pueden hablar, siempre que exista una silla libre dentro de la pecera. En cualquier momento, cualquier observador puede avanzar y sentarse en la silla libre. Cuando esto ocurre la discusión se detiene hasta que alguno de los que está dentro de la pecera se retire voluntariamente y pase al área de los observadores.
- Cualquier observador puede unirse a la discusión en cualquier momento ocupando la silla libre y cuantas veces quiera.
- Cualquier participante que esté dentro de la pecera puede salirse e ir al área de observadores en cualquier momento, aunque nadie se haya sentado en la silla libre. En este caso, la discusión se detiene hasta que un observador se una voluntariamente.

Cinco en la Mano: Es una herramienta para facilitar la toma de decisiones grupales. En donde al levantar la mano para apoyar la decisión cada participante cuenta con ponderaciones que matizan su posición con respecto al tema a decidir. Bajo el esquema:

- Levantar la mano mostrando 1 Dedo = **Bloquear la Decisión**
- Levantar la mano mostrando 2 Dedos = **No me gusta pero no la bloquearé**
- Levantar la mano mostrando 3 Dedos = **Buena decisión voy a apoyarla**
- Levantar la mano mostrando 4 Dedos = **Buena decisión voy a apoyarla**
- Levantar la mano mostrando los 5 Dedos = **Excelente decisión**

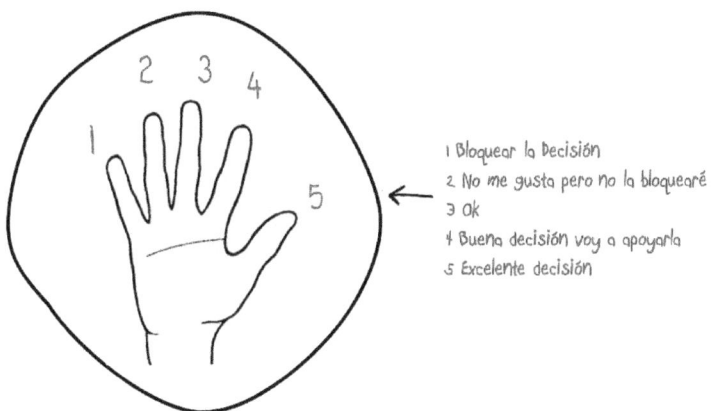

Arquitectura para una Conversación sobre una Situación Difícil

1. Describir comportamiento difícil del otro
2. Decir cómo me siento con eso
3. Explico lo importante que es para mí no sentirme así
4. Pausa
5. Hacer un pedido directo, valoro que cambies X
6. Explicar los beneficios del cambio incluir a la persona
7. Preguntar ¿Qué opinas?

Alivio Mental para la Acción (AMA)

Concepto: Es una herramienta que integra movimientos corporales rítmicos, respiración consciente y golpeteos en la superficie de la piel, para equilibrar emociones y sanar.

Características:

- Es una herramienta adaptable y flexible.
- Sus dinámicas pueden variar en tiempo y en método, solo que deben incorporar los 4 elementos en el mismo orden.
- Las reflexiones pueden orientarse para desarrollar actitudes, competencias y valores

- Una sesión puede durar desde 30 min. a 2 horas.
- Pueden usar el método AMA® en cualquier contexto donde exista una persona, un grupo, un equipo o un equipo de alto desempeño, cuando quieran.
- Ayuda a liberar información y llevarla al consciente.
- Ayuda a despertar varios tipos de inteligencia.

Beneficios:

- Libera emociones.
- Permite ver más y mejores escenarios ante una circunstancia.
- Eleva el estado de ánimo y bienestar, relaja.
- Ayuda a enfocarse.

Elementos que la Conforman:

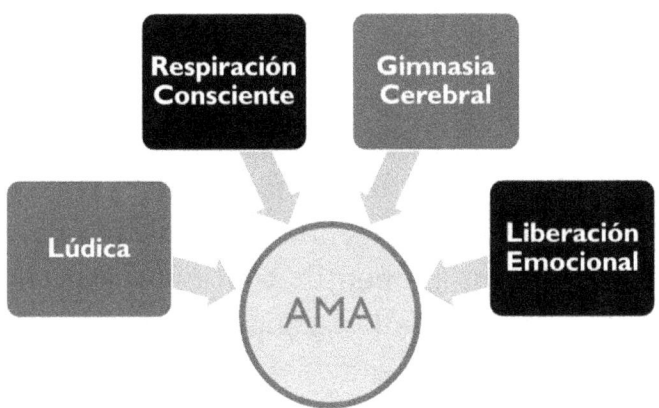

1.- Lúdica	• Selección de Dinámicas
2.- Respiración Consciente	• Ejercicios de Respiración
3.- Gimnasia Cerebral	• Ejercicios de Gimnasia Cerebral
4.- Liberación Emocional	• Iniciación • Serie de 10 toques • Serie de 10 movimientos • Tomar agua • Repetición • Ponderación del Tema • Reflexión

Metodología:

Lúdica

Lúdica: Se refiere al juego como mecanismo de interacción social. Seleccionar una dinámica lúdica, que iguale al grupo.

"Una vez terminado el juego el rey y el peón vuelven a la misma caja".

Respiración Consciente

Respiración Consciente: Es una técnica que aprovecha la mayor capacidad pulmonar, para llevar voluntariamente suficiente cantidad de oxígeno de calidad, a cada una de las células, y llevar energía vital al cuerpo. Seleccionar ejercicios de respiración.

En la vida está también en el aire...
...¡Respírala! ¡Hacia la acción!

Gimnasia Cerebral: Se refiere a realizar un conjunto de movimientos corporales diseñados para desarrollar la plasticidad cerebral, estimular el cerebro, reforzar la memoria y la creatividad. Seleccionar algún ejercicio de Gimnasia Cerebral.

"El movimiento es la puerta de entrada al aprendizaje"

Liberación Emocional: Es una técnica para equilibrar nuestras emociones, mediante la estimulación por "golpeteo" de los dedos sobre los extremos de nuestros meridianos energéticos.

Todo lo negativo viene del miedo.

Esta técnica de liberación emocional se realiza en las siguientes fases:

a) Comienzo:
- **Definición del Tema:** Mediante la técnica de "los 5 Para Qué", donde se le pregunta al cliente *¿Qué quieres trabajar hoy?*, luego

que el cliente de una respuesta, se toma esa respuesta como insumo para la siguiente pregunta y se le pregunta al cliente: *¿Para qué quieres trabajar "tal cosa"?* luego que el cliente responda su primer para qué, se toma esa respuesta como insumo para la siguiente pregunta y se le pregunta al cliente: *¿Para qué quieres trabajar "tal cosa"?* y este procedimiento se repita hasta el quinto para qué. Justo ese quinto para qué será el tema a trabajarse en esta fase.
- **Ponderación del Tema:** Se pregunta al cliente la intensidad de molestia del tema a tratar, dentro de una escala del 1 al 10.
- **Definición de la "Consigna de Inicio":** "Aunque

_____

_____, me apruebo tal cual como soy yo"
- **Enmarcación del Tema:** Golpear cinco (5) veces el punto Alpha (Timo) mientras se pronuncia la "Consigna de Inicio".

b) **Serie 10 Toques:**
- **Definición la frase resumen:** Es una frase corta que nos recuerda el tema que estamos conciliando.
- **Toques:** Golpetear cada punto mientras se dice la frase resumen:
   1. Al inicio de la ceja en su parte interna

2. En el hueso que protege lateralmente el ojo
3. En el hueso debajo del ojo, en línea vertical con la pupila
4. En el punto medio entre el entre la nariz y labio superior
5. En el punto medio entre el labio inferior y el mentón
6. En el cachete a nivel de los premolares superiores
7. En el cachete a nivel de los premolares inferiores
8. En el ángulo formado por la clavícula y el esternón
9. Bajo el brazo, a unos 10 - 15cm debajo de la axila
10. En el Timo

c) **Serie 10 Movimientos:**
   1. Cierre los ojos.
   2. Abra los ojos.
   3. Vea hacia arriba.
   4. Vea hacia abajo.
   5. Vea hacia la izquierda.
   6. Vea hacia la derecha.
   7. Vibre por unos 5 segundos alguna canción.
   8. Cuente de 1 al 5.
   9. Cierre los ojos presionando suavemente sus parpados.

10. Abra los ojos.

d) Tomar agua

e) Repetición: Repetir la secuencia antes descrita.

f) Ponderación del Tema: Medir la intensidad d la molestia del 1 al 10

g) Reflexión: Preguntar: ¿Qué puedes hacer diferente?

Algunas herramientas lúdicas

Voy a tomar un concepto de lúdica prestado (que por cierto no lo pienso devolver), y este concepto prestado es el que te voy a ofrecer:

"Los juegos son la forma más elevada de la investigación" Albert Einstein

Características

- Desarrolla la creatividad
- Desarrolla y favorece la comunicación verbal y no verbal
- Coloca al participante en un estado natural de aprendizaje primario
- Posibilita el desarrollo de valores

- Permite el intercambio generacional
- Propicia la horizontalidad de las relaciones
- Desarrolla el conocimiento mutuo y la participación grupal
- Impulsa a desinhibir

Beneficio de las Experiencias: La lúdica es la experiencia de jugar, y esas experiencias son siempre un beneficio.

- La experiencia está en todo lo que haces, prepárate para recibirla.
- La experiencia trae algo diferente y original, identifica ¿qué es?
- La experiencia es irrepetible, no la dejes pasar (aprovéchala).
- La experiencia propone desafíos, identifica qué necesitas y avanza sin temor.
- La experiencia es un espejo, observa tus reflejos en ella.
- La experiencia puede ser confusa, se valiente y espera que tu mente se ordene y te "caiga la locha".
- La experiencia puede ser divertida, compártela.
- La experiencia puede ponerte en situaciones de incomodidad, acepta tus emociones y aprende de ellas.
- La experiencia guarda tesoros ocultos, asume algún riesgo y encuéntralos.

- La experiencia termina, recuérdala, recíclala, reutilízala.
- La experiencia es una metáfora para tu vida, asígnale un propósito.
- La experiencia te deja algo que necesitas ahora, agradécele su visita.

Discordancia Acoplativa: "Incomodar" para aprender. Usando siempre el Humor, debemos usar más herramientas de lúdica en grupos formales y más herramientas de coaching en grupos informales.

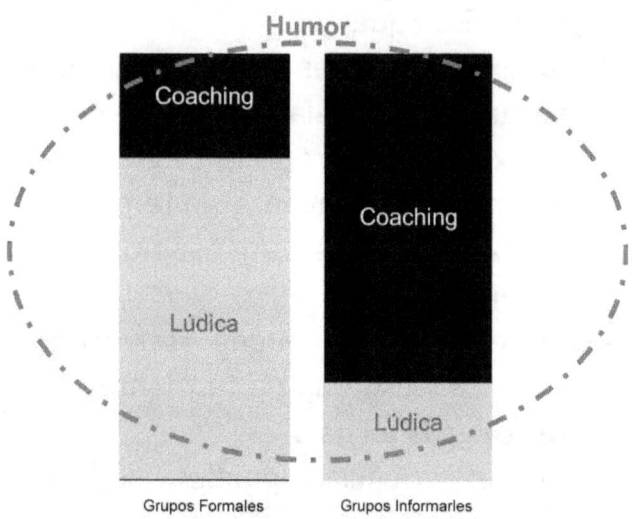

Exploración para la Acción: El facilitador HUMORWEANING® debe siempre explorar para provocar acción. Debe explorar con confianza y valentía. Debe entender que aunque exista mucha diversión no solo se está dando un proceso de recreación, sino un proceso de pensamiento que se traduce en ¡Actuar!

Riesgo por Elección: Es 100% responsable el participante, de lo que ocurrirá durante el juego. Es decir nunca se obliga a alguien a jugar, esa persona si decide no jugar toma un riesgo de no vivir la experiencia desde adentro pero debe mínimamente vivirla desde la observación.

Ciclo de Kolb: Luego de todo proceso de juego experiencial, estamos en capacidad de motivar a los participantes a:

- Describir lo sucedido.
- Generalizar lo que ha descrito.
- Tomar decisiones con la teoría descubierta.
- Aplicar esa decisión a un nuevo juego o experiencia.

Ciclos del Aprendizaje Experiencial (4 fases de Kolb)

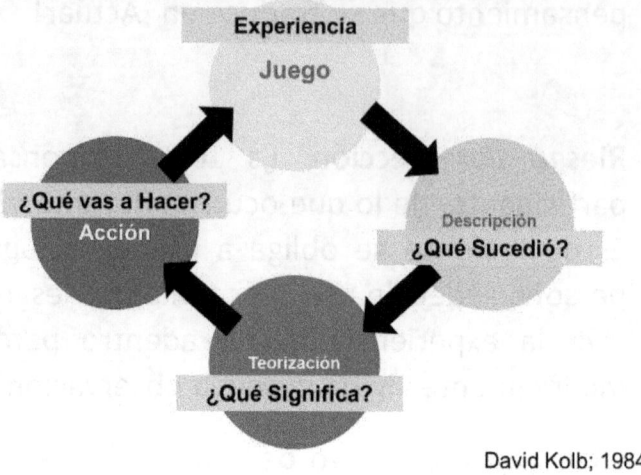

David Kolb; 1984

Consideraciones Necesarias durante el Juego:

- Planificar e improvisar las dinámicas
- Circle-Up, mantener la energía del grupo mediante el circulo
- Tener claro el objetivo del juego
- Dirigirse a los participantes por su nombre
- Tener control de los tiempos
- Predecir posibles situaciones y actos inseguros
- Plantear instrucciones simples, claras, directas, mensaje a mensaje
- Mantener un tono de voz adecuado
- Respetar los límites de los participantes sin coacción

- Tener constante contacto visual con todo el grupo
- Comunicar las ideas con principio y final, dejando claras las peticiones, preguntas, afirmaciones, prohibiciones.
- Espejarse con la energía del grupo
- Practicar la escucha activa
- No adular
- Promover la generosidad de escuchar y respetar
- Hacer preguntas

Algunas herramientas humorísticas

Existen tantos recursos humorísticos como tu creatividad te permita, te recomiendo cultivar tu sentido del humor reconociendo situaciones humorísticas en tu entorno. También te ayudará leer, ver, escuchar situaciones humorísticas. Las herramientas humorísticas que quiero compartir contigo para su aplicación en HUMORWEANING, y que son algunas con las que mi equipo de trabaja, son:

Stand Up Coaching: Es una instrumento muy poderoso para el autoconocimiento, que te lleva inminente y gloriosamente a hacer el Ridículo. Pensar en hablar en público y aun mas, hacer Stand Up Comedy, es el mayor de lo miedos que persona alguna pueda tener en su vida, y es allí donde radica su poder para generar buenos cambios. Cuál es la sugerencia: preparar un monologo corto, contarlo a una audiencia y estar feliz del poder de hacer el Ridículo. A continuación te voy a mostrar una herramienta para ayudar a que tus clientes lo logren, una herramienta que yo he llamado Stand Up Coaching. Qué solo para los más valientes, es decir ¡Para todos!

Metodología de Stand Up Coaching

- Busca una hoja en blanco y traza una línea por la mitad.
- Escribe tu nombre en el centro.
- En la parte superior, selecciona y escribe el título de 3 eventos positivos que te hayan ocurrido en tu vida.
- En la parte superior, selecciona y escribe el título de 3 eventos negativos que te hayan ocurrido en tu vida.
- Luego en otra hoja analiza cada uno de los 6 eventos que seleccionaste, usando las siguientes preguntas:
    - ¿Dónde ocurrió?
    - ¿Quiénes participaron?
    - ¿Qué pasó?
    - ¿Cuándo pasó?
    - ¿Qué estaba haciendo yo?
    - ¿Cómo lo estaba haciendo?

- • ¿Qué me motivó a hacerlo?
- • ¿Quién soy yo?
- • ¿Quién más soy yo?
- Después de analizar tus eventos, piensa:
  - • Las 10 cosas más graciosas de este evento
  - • Las 10 cosas más locas que no pasaron pero que tú si las pondrías solo para exagerar
  - • Las 10 cosas que descubriste con este evento, y que te das cuenta que le pasan a todo el mundo
  - • Los 10 finales de este evento más inesperados por nadie en el mundo y que nunca ocurrieron
- Luego une las mejores ideas de todos tus eventos y construye una nueva versión de tu historia, agregando o quitando elementos a partir de este ejercicio, para ello te recomiendo que realices los siguientes pasos:
  - • Graba una improvisación de la nueva versión de tu historia
  - • Escribe esa improvisación en una hoja
  - • Raya, exagera, incluye nuevas historias propias o ajenas, incluye chistes de internet e incorpóralos a tu historia, invéntate tus nuevos chistes, etc. y "adereza" tu versión de la historia. En este paso todo es válido.

- Luego que culmines el paso anterior, concéntrate en asegurarte que esta versión de tu historia sea realmente original e inédita, elimina todos los chistes de internet, elimina cualquier copia que hayas tomado en el paso anterior y quédate solo con el "diamante", eso que es único exclusivo y creado por ti. No es necesario que sea absolutamente cierto todo, pero si es necesario que no tenga copias de ningún otro autor.
- Escribe el resultado final, te sorprenderás que en poco tiempo tendrás más de 5 minutos de material REAL y seguramente gracioso. No te preocupes porque sea gracioso, preocúpate porque tenga algunos elementos reales y que toda la historia sea original (No copias)
- Memoriza tu historia y asegúrate de practícala doscientos cincuenta y siete mil trecientas ochenta (257.380) veces, que es el número de veces que recomiendan los expertos.
  - Finalmente busca una audiencia y cuéntale tu historia

- Respira antes de entrar y cuéntala siendo tú mismo. Es importante que tengas claro que no es tu responsabilidad que la audiencia se ría. Tu responsabilidad es ofrecer una historia real.
- Luego de la experiencia piensa ¿Qué aprendiste? y decide qué vas a hacer con lo aprendido.

RPR: Es una herramienta creada por Olga Martínez (Médico y Coach venezolana) basada en elementos de Lúdica, de Neurodanza, de Coaching Corporal, de Risoterapia y de Yoga, para exaltar lo mejor de las personas, e impactar en el mejoramiento de actitudes para el logro de objetivos.

Características:

- Genera una risa genuina, espontanea, placentera y constante desde el reír sin motivo.
- Funciona en forma de un juego infantil y respetuoso.
- Existe contacto visual constante.
- Invita a una meditación activa permanente en el aquí y el ahora.
- Es una herramienta adaptable y flexible.

- Sus dinámicas pueden variar en tiempo y en método, solo que deben incorporar los 5 elementos en el mismo orden.
- Las reflexiones pueden orientarse para desarrollar actitudes, competencias y valores
- Una sesión puede durar desde 30 min. a 2 horas.
- Se puede usar en cualquier contexto donde exista un grupo, un equipo o un equipo de alto desempeño, cuando quieran.

Beneficios

- Controla el Stress
- Genera Endorfinas
- Fortalece el Sistema Inmunológico
- Mejora la oxigenación del organismo
- Incrementa la circulación sanguínea
- Incrementa la Inteligencia Emocional
- Incrementa la Inteligencia Corporal
- Incrementa la Inteligencia Intuitiva
- Mejora las Habilidad Sociales
- Propicia el Autoconocimiento
- Desarrolla Competencias Actitudinales
- Propicia el Cambio y la Flexibilidad
- Genera una mejor comprensión de escenarios para el logro de objetivos

Contraindicaciones

¡Ninguna! Todo el mundo puede practicarlo, sin embargo por incluir constantemente ejercicio físico, conviene siempre realizar la sesión según nuestras capacidades. Acá algunas alertas:

- Hemorroides sangrantes
- Hernia
- Tos persistente
- Cualquier síntoma agudo
- Epilepsia
- Padecimientos cardiaco
- Presión arterial alta
- Incontinencia urinaria
- Desordenes psiquiátricos
- Dolores severos
- Cirugías recientes
- Embarazo

Elementos que la Conforman:

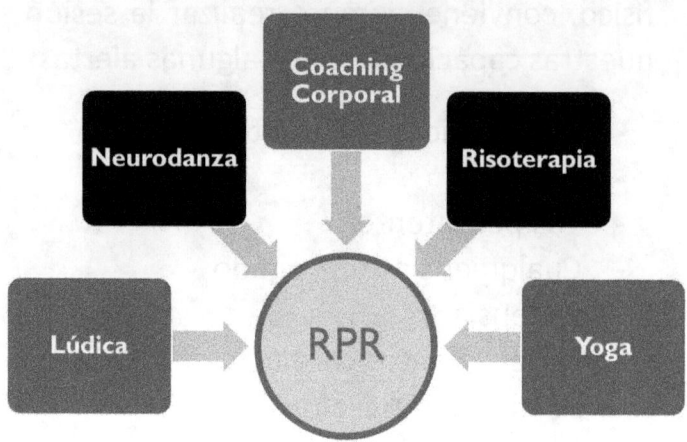

1.- Lúdica	• Selección de Dinámica
2.- Neurodanza	• Seleccionar algún ejercicio de Neuro Danza
3.- Coaching Corporal	• Ejercicio de Coaching Corporal
4.- Risoterapia	• Risa Artificial. • JA JA JA JE JE JE
5.- Yoga	• Ejercicio de Respiración y Relajación

Lúdica: Se refiere al juego como mecanismo de interacción social. Seleccionar una dinámica lúdica, que iguale al grupo.

El hombre es esencialmente jugador. Es decir, no puede vivir sino juega. "Homo Ludens"

Neurodanza: Es el arte de expresión corporal a través de la danza, con el objeto de crear nuevas conexiones interneuronales. Seleccionar algún ejercicio de Neurodanza.

Tenemos una Inteligencia Corporal y es llevar nuestra mente hacia el movimiento. **Hacia la acción!**

Coaching Corporal: Es el arte de escuchar nuestro cuerpo, para entender lo que dicen nuestras emociones y pensamientos. Solo debes observar y escuchar lo que te dicen tus movimientos o lo que te dice tu cuerpo.

Risoterapia: Es una técnica en la que podemos reír sin el uso del chiste, humor, comedia o artefactos. Puedes incorporar cualquier dinámica de risoterapia.

Yoga: Tomamos del Yoga, dos elementos: la respiración y la relajación.

"Si tu controlas la respiración, controlaras todas las situaciones en la vida" –Yogi Bhajan

Clown Coaching: Es una técnica para conectarse con las emociones, aprender y desarrollar competencias, con la ayuda de tu propio clown. Esa conexión debe ser desde adentro, porque a partir de allí aparecen los aspectos más ridículos o no tan "aceptables" de la personalidad, y es en ese estado donde esta técnica es más poderosa para generar cambios.

Características:

- Genera aprendizaje. Al observar las debilidades de tu Clown observarás tus propias debilidades.
- El Clown no actúa como Clown, es Clown.
- Para encontrar tu propio Clown debes acercarte a tu propia ridiculez.
- Durante la técnica deja que ocurran las cosas y reacciona ante lo ocurrido. El Clown está atento a lo que ocurre alrededor.

- El Clown empuja tus acciones al extremo "se mete en el pantano hasta las narices... y más"
- El Clown mira al público.
- El Clown no se comporta como un niño, se comporta más bien como un adulto cuando nadie los está observando. O un adulto borracho.
- El Clown vive constantemente en el presente inmediato. Si planifica, planifica solo en los segundos próximos.
- El Clown usa La máscara como dispositivo para expulsar la personalidad del cuerpo y permitir que se llene de espíritu.
- El Clown siempre dice que "Si", nunca se niega.
- El Clown siempre tiene grandes proyectos pero en el camino encuentra cosas que lo distraen.
- El Clown no insulta, crea palabras que juegan ese rol.
- El Clown es transparente, sus intenciones se ven incluso cuando intenta engañar.
- En el clown habitan millones de emociones, pero hay una imprescindible que es la compasión.
- El Clown puede pasar de una emoción a otra con impresionante rapidez.
- El clown siempre ayuda y no es consciente de exagerar.

- El Clown es un tipo seguro de sí mismo, cree en su "inteligencia" aun cuando esta lo traicione. El Clown se acepta tal como es y nunca se juzga a él mismo.
- El Clown no busca problemas. Se los encuentra recurrentemente.
- El Clown no busca generar risa, ¡Se adapta!
- El Clown no se comporta de forma tonta.
- El Clown SIEMPRE encuentra solución para cualquier problema.
- El Clown vive sus emociones, la risa al igual que el llanto o la ternura, no son un objetivo, son un medio que lleva la emoción al entendimiento.

Ridendo castigat mores (Riendo se corrigen los comportamientos)

Metodología: Las fases de esta herramienta son:

- Juegos para Romper el Hielo
- Juegos de Preparación
- Juegos de Improvisación
- Reflexión de la Experiencia

Durante el juego se debe tener en cuenta que:

- Todo lo que ocurra va a estar bien.
- Evitarás dar feed back, pero si lo llegases a dar, ese feedback debe ser orientado a los logros alcanzados.
- Actuarás con valores de confianza, solidaridad y trabajo en equipo.

- Es necesario controlar constantemente tu ego y el de los participantes.
- No actúas con expectativas, ni escenas previas. Debes usar la improvisación en 100% y más.

Capítulo V Otras consideraciones

Cómo debe ser un profesional que aplique HUMORWEANING®

Es importante que pienses en este rol como un camino y no como un destino. Siempre hay lugar para el crecimiento en tu proceso de aprendizaje, una guía para este viaje pueden ser las siguientes etapas:

Etapas de evolución de un buen profesional en HUMORWEANING®

	Todas Juntas hacia la acción	
Registrar tu viaje y enseñarlo	Especialista	Documente las experiencias y ponerlas SIEMPRE en duda
Experiencia inconsciente para reinventarse	Competencias	Prepárese para afrontar riesgos, éxitos y fracasos
Acompañamiento	Shadow	Buscar una persona con mayor experiencia para recibir feedback
Auto instrucción	Praxis	Practicar como voluntario o facilitador con grupos de interés
Formación y Desarrollo	Actualización	Seleccionar entre las ofertas de formación

Pero recuerda que estas etapas son un ciclo infinito entre Actualización y Especialista.

Liderazgo de un buen profesional HUMORWEANING®: A continuación, algunas recomendaciones:

- Lidera con miedo para tomar la opción del coraje.
- Exponte a que te vean liderando.
- Delega en los demás los méritos del liderazgo.
- Mantén un único principio, la justicia.
- Piensa bien de los demás y acertarás.
- Si ganas a tu adversario no te regodees, no lo aplastes y deja que salven el honor.
- Lidera con amor firme.
- Confía de entrada en los demás.
- Si pierdes también ganas.
- Comunícate con energía.

Diferencia entre un Profesional HUMORWEANING® y un Profesional Experto: Un profesional en HUMORWEANING® no es un profesor o un experto que enseña. Estos son dos roles profesionales muy diferentes.

Profesional Experto:

- Trasmite información
- Cuida los tiempos
- Usa el humor y herramientas audiovisuales para captar atención
- Es experto y se le permite trabajar para brillar él

- Dirige al grupo hacia el objetivo que determina
- Tiene certeza

Profesional HUMORWEANING®:

- Cree en la gente y se enfoca para que brille el grupo
- Muestra valentía y respeto (trabaja para no ser visto ni recordado)
- Es sensible al otro
- Está conectado con el grupo
- Es siempre auto reflexivo y busca recibir "el regalo" (feedback del grupo)
- Está dispuesto a cambiar, antes, durante y después del proceso
- Todo el tiempo está abierto y no sabe lo que va a ocurrir
- Trabaja con la energía del grupo (Riesgo por elección)
- Trabaja en la zona de disonancia adaptativa
- Es pertinente con lo que hace

Cómo NO debe ser un profesional que aplique HUMORWEANING®

Ni debe manipular (Manipulasional), ni debe ser autócrata (Autocratasional).

Sugerencias para ser el mejor Manipulasional (Profesional que manipula): Si quieres ser un profesional que manipula, acá te dejo algunas sugerencias que te garantizarán ese objetivo y exaltarán tu mediocridad:

- **Consulta con el jefe Antes de cada proyecto.** Consulta con el jefe para saber qué es lo que él quiere. Recuerde que es el Jefe el que firma tu cheque.
- **Crea dependencia.** Es importantísimo que tus clientes reconozcan que no pueden hacer nada sin ti. Debes inventar nuevo cursos, usando preferiblemente palabras inglesas o japonesas.
- **Responsabiliza siempre a otros**. Ten a la mano, para cuando las cosas vayan mal, frases como "Les advertí pero no me hicieron caso" o "Sólo soy asesor aquí" Esto te ayudará mucho para mejorar y desarrollar tu propia irresponsabilidad.
- **Aprende a fingir escuchar.** Aprende el arte de asentir con la cabeza y decir, con tu mejor sonrisa "¡Comprendo!", después de cada tontería que digan. Para lograrlo, es muy útil parafrasear o repetir parte de lo

que dijo el otro, metiendo al final las palabras y frases que tú quieres oír. ¡Y listo!
- **Convence con pseudo-preguntas.** Es bien sabido que la gente no sabe lo que quiere, entonces no pierdas tiempo preguntándole. Tú eres el experto y debes decidir por los demás. Puedes lograrlo con pseudo-preguntas como "¿Has pensado en la posibilidad de...?" o "¿No crees que sería mejor si hicieras...?".

Sugerencias para ser el mejor Autocratasional (Profesional que es Autócrata): Si quieres ser un perfecto Dictador y tomaste la decisión de enaltecer tu decadente personalidad, estas sugerencias te serán de gran ayuda:

- **Piensa mal y acertarás.** Adopta un estilo firme de liderazgo, con los pantalones bien puestos. No te preocupes por el clima organizacional; ellos reciben un buen sueldo por su trabajo y esto es el mejor clima que hay.
- **Escuche para fulminar.** Escucha cuidadosamente a tu gente. Es la única forma en que puedes darte cuenta de sus errores y su flojera; y esto te permitirá "freírlos en aceite" más adelante.
- **Ten siempre la última palabra.** Asegúrate de siempre tener la última palabra, para

imponer tus ideas. Con frases como: "Tienes que... " "Lo que pasa es que... " "Lo correcto es... " "Hay que... " "No se puede... " "Se tomó la decisión de... " "Debe... " "Es necesario... " etc. También es útil que tengas en tu oficina avisos con mensajes como "Nunca te ausentes en el trabajo, así nadie se dará cuenta de que no eres indispensable".

- **Divide y triunfarás.** Para evitar que tus subalternos se unan en tu contra, lo mejor es mantenerlos divididos. Puede usar frases como "No me importa lo que dicen sus compañeros de usted; sepa que yo lo aprecio" o "...O están conmigo o están en contra de mi".
- **Pregunta para intimidar.** Aprende estas frases de memoria y luego usa tu propia creatividad para inventar otras: "¿Cómo se te ocurre...?" "¿Por qué no hiciste...?" "¿Tú realmente crees que esto va a funcionar?" "¿Por qué lo hiciste así?" "¿Cuántas veces tengo que decirles que...?" "(al que llega tarde) ¿Buena la fiesta de anoche?".
- **Culpa a alguien o a algo de tus errores.** Selecciona un objetivo de ataque, es decir a una persona, a un sistema, o a un actor del sistema para echarle la culpa de todos tus errores, es muy importante que ataques despiadadamente a tu objetivo aunque no tenga lógica aparente hacerlo. Te

sorprenderás que aunque te parezca ridículo y ni tú mismo te lo creas, esta técnica te ayudará a mantener a todos atemorizados, para no convertirse en tus nuevos objetivos de ataque.

Humorweaning® y Coaching

Son dos disciplinas diferentes, con puntos en común y pueden ser perfectamente complementos una con otra.

Cualquier aplicación práctica del **Coaching** y **Humorweaning®** según mi experiencia, tiene tres objetivos:

- Generar un proceso aplicable de interacción social para desarrollar competencias, que generen aprendizajes traducidos en el impulso al cambio, para finalmente identificar y lograr objetivos.

- Ayudar a los clientes a salir de dudas ofreciéndoles de forma vivencial, herramientas prácticas que ellos podrán utilizar en ausencia del coach.

- Y sobre todo ayudar a los clientes a entrar en dudas, es decir ayudarlos a "adentrarse en el lodo" de las circunstancias donde no pueden pisar firme; y es acá donde está el verdadero valor de estas disciplinas. En la medida que se generen más dudas durante y posterior a la intervención, el trabajo del coach o del profesional en Humorweaning® estará mejor realizado, siempre y cuando estas dudas estén alineadas con el desafío del cliente.

Ahora bien, una de las posibles ventajas del coaching de equipo con respecto a otras disciplinas que pretenden ayudar a desarrollar competencias actitudinales en las personas para el logro de objetivos es: la aplicación práctica a problemas reales de los clientes. El coaching está enfocado a acompañar al grupo para resolver problemas o circunstancias de mejora reales, es decir estas circunstancias son situaciones por las que está pasando el cliente antes y durante el acompañamiento del coach. Pero ¿Qué ocurriría si usamos elementos del coaching para resolver problemas hipotéticos (no reales)? ¿Es posible identificar algún beneficio usando la construcción problemas artificiales? ¿Qué posibilidades de éxito tiene un coach si aprovecha su experiencia profesional para crear nuevas herramientas basadas en situaciones hipotéticas haciendo uso del sentido común y la inteligencia intuitiva? ¿Qué tan efectiva puede ser la improvisación de circunstancias creadas artificialmente para generar aprendizaje?

Estas preguntas pueden ser respondidas desde muchos enfoques, uno de ellos es el uso de la metodología que hemos llamado Humorweaning® que combina el poder de la duda del grupo en circunstancias reales (coaching), con la libertad del juego en circunstancias artificiales (lúdica), manteniendo constantemente en todo el proceso: la capacidad exclusivamente humana de dar a los demás sin esperar algo, por medio del amor (humor).

El diseño de procesos de intervención basados en esta tríada Coaching-Lúdica-Humor tiene un impacto muy potente, pues permite que nuestros clientes aborden la circunstancia desde una amplitud mayor.

El coaching, es fundamentado en cohesionar valores en común de los miembros para el logro de sus objetivos individuales y colectivos, y se basa principalmente en el uso de las preguntas que ayudan a que el grupo llegue al conocimiento a través de sus propias conclusiones y no a través de un conocimiento aprendido y pre conceptualizado.

La lúdica, en cambio se basa en liberar procesos creativos del grupo al servicio del logro de sus objetivos, viéndose como una herramienta natural de desarrollo de actitudes. Cuando jugamos "hacemos como si" viviéramos una situación. A pesar de que mentalmente sabemos que sólo es un juego, nuestras emociones y valores se involucran poderosamente; por ello el juego permite ensayar y aprender nuevas opciones de comportamiento en un ambiente "seguro".

Y el Humor no es otra cosa que el Hamor, porque tener un buen sentido del Humor es igual a tener un buen sentido del Hamor.

Felicidad

Quiero compartir contigo un concepto sobre la Felicidad, que me enseñaron mi hija y mi esposa:

"Es un estado de bienestar y satisfacción en orden a una meta, siempre que tal estado sea aceptado por las personas a quienes involucra y que te acerca a lo que Eres".

- **Es un estado:** Porque tiene que ser algo continuo, sin saltos. Ocasionales alegrías o placeres son simples sentimientos pasajeros que se producen en ciertos momentos, y que pueden encontrarse a diario en personas infelices. Por supuesto que esas alegrías y placeres pueden ser mejores degustados por la persona feliz, y le ayudan continuamente a mantener ese estado de satisfacción.

- **De bienestar y satisfacción:** Es obvio. Sin embargo valga la pena decir que a veces se confunde el verdadero bienestar. Este debe ser contribuyente siempre a la mejor existencia del Ser, y que nunca vaya en su destrucción, o en disminución de sus cualidades o supervivencias. La satisfacción, por otra parte, es la conciencia del bienestar: ¡Me siento satisfecho! Tengo conciencia y me doy cuenta de que esto es bueno para mí, por lo menos en este momento.

- **En orden a una meta:** Implica el control de la causalidad personal. En orden a: control. Una meta: soy causa, no efecto. El control de la Meta significa el dinamismo de la Felicidad. La meta es lo que hace que el humano vaya hacia adelante y no se achante en pequeños logros o alegrías que lo desvíen de la felicidad misma. Obviamente las metas pueden ser altas, medianas o bajas. El mismo concepto de su altura depende del alcance mental de cada ser humano. También las metas se pueden entrecruzar: para un citadino podrá haber Felicidad en el hecho de hacer algo cada día para tener una granjita en el futuro; mientras que para un campesino lo será el hecho de hacer algo cada día para tener algo en la ciudad. Así mismo la valoración de las metas pueden variar con la edad. Imagínate ¿Cuál era tu meta a los 12 años? y ¿Cuál puede ser ahora?. La palabra EN ORDEN A, es importante porque implica el control de la meta fijada. La meta debe ser expresamente seleccionada. Nadie es feliz si le imponen una meta. La persona feliz debe ser Causa de su meta. La selección de la meta por sí misma es el mismo comienzo de su felicidad, y asimismo es la Fuerza que le ayudará a tumbar todas las barreras que se opongan a ella. En la medida en que la persona sea efectivamente Causa y no efecto, podrá ser más feliz. El ser efecto comporta vivir en función de lo que piense el otro, y esto no será duradero, pues dependerá siempre de las circunstancias y reacciones del otro.

- **Siempre que tal estado sea aceptado por las personas a quienes involucra:** Creo que este es el elemento jurídico de la Felicidad: mi derecho termina donde comienza el tuyo. Por tanto si mi meta te involucra, mi estado de bienestar y satisfacción tiene que ser aceptado por ti. Y viceversa. La aceptación de las personas involucradas es esencial, porque la meta de uno no puede ir en desmedro de la supervivencia de otro ser. Tampoco creo que haya mucha felicidad si para llegar a mi Meta tengo que pisotear al otro, manipulándolo para mi bienestar y satisfacción. Esto causaría una culpabilidad inmediata que demostraría la mala valoración o extemporaneidad de la Meta. De aquí podrás desprender que las Metas individuales no pueden ser contradictorias con las metas del grupo donde el individuo se desenvuelve. Pueden ser diferentes, o paralelas, pero no contradictorias.

- **y que te acerca a lo que Eres:** Desde un sistema moral Superior, la Felicidad es teleológica te lleva a un objetivo Superior, pero sin dejar de ser un viaje o una causa, ese objetivo Superior para los que creen que Dios existe es Él mismo; y para los que creen que Dios no existe es algo más Grande que ellos, es la respuesta a la pregunta ¿Quién más soy Yo?

Finalmente te invito a que te adueñes de esta metodología y también te invito a que la apliques en dónde tú creas que puede servir para minimizar la pobreza de tu entorno. Te deseo el mejor de los éxitos.

Siempre a tu orden,

Freddy Salas

¿Quieres saber más sobre Humorweaning®?

¿Tienes algunas dudas que creas que el autor puede responderte?
¿Quieres que apliquemos la metodología Humorweaning® a tus objetivos o a los objetivos de tu equipo?
¿Quieres certificarte en la metodología Humorweaning®?
O simplemente ¿Quieres contactar al autor?

Pues entonces puedes hacerlo por:
Página web:
www.freddysalas.com
Página web de Smart and Happy Relationship Coaching: www.shrcoaching.com
Correo Electrónico:
freddysalas@shrcoaching.com
Twitter:
@freddysalas

www.ingramcontent.com/pod-product-compliance
Lightning Source LLC
Chambersburg PA
CBHW051808170526
45167CB00005B/1926